人民币国际化

INTERNATIONALIZATION OF RMB

李思敏◎著

图书在版编目（CIP）数据

人民币国际化/李思敏著 . —北京：经济管理出版社，2022.1
ISBN 978 – 7 – 5096 – 8306 – 4

Ⅰ.①人… Ⅱ.①李… Ⅲ.①人民币—金融国际化—研究 Ⅳ.①F822

中国版本图书馆 CIP 数据核字（2023.4 重印）第 022289 号

组稿编辑：王光艳
责任编辑：张玉珠
责任印制：黄章平
责任校对：董杉珊

出版发行：经济管理出版社
　　　　　（北京市海淀区北蜂窝 8 号中雅大厦 A 座 11 层　100038）
网　　　址：www.E – mp.com.cn
电　　　话：（010）51915602
印　　　刷：北京市海淀区唐家岭福利印刷厂
经　　　销：新华书店
开　　　本：720mm×1000mm/16
印　　　张：11.25
字　　　数：139 千字
版　　　次：2022 年 3 月第 1 版　2023 年 3 月第 2 次印刷
书　　　号：ISBN 978 – 7 – 5096 – 8306 – 4
定　　　价：68.00 元

·版权所有　翻印必究·

凡购本社图书，如有印装错误，由本社发行部负责调换。
联系地址：北京市海淀区北蜂窝 8 号中雅大厦 11 层
电话：（010）68022974　邮编：100038

序

近三十年来，全球金融和货币危机层出不穷，旧的国际货币体系已经难以适应国际经济格局的变化，新的国际货币体系亟需建立。随着中国综合实力的不断增强，人民币国际化进展取得了较大成果，目前人民币在支付、投融资、储备和计价等方面的功能得到全面增强，已连续9年成为我国第二大跨境收支货币，是全球第三大贸易融资货币、第五大支付货币和官方外汇储备货币、第八大外汇交易货币，并已加入国际货币基金组织特别提款权货币篮子，可见人民币在国际货币体系中的地位显著提升。

如何进一步推动人民币国际化，成为国际货币体系的重要组成部分，至少有以下七个方面的考虑：

第一，人民币国际化路径选择上需要顶层设计，从货币功能视角下应充分发挥国际分工的比较优势，从空间视角下要实现人民币周边化、区域化、国际化的良性互动，从动力视角下要充分发挥市场在资源配置中的决定性作用和更好发挥政府的引导作用，走出人民币国际化的中国特色之路。

第二，中国的货币政策需要新思维。随着人民币国际化程度进一步提高，中国人民银行货币政策的溢出效应和由此产生的回溢效应将明显增强。

人民币的货币需求函数和供给函数均会逐渐发生变化，货币政策传导机制变得更加复杂化和多样化，这给中国货币政策的实施带来挑战。货币政策应通过夯实基础、政策协调和灵活运用政策工具来适应人民币国际化。

第三，中国汇率管理需要新手段。人民币国际化过程中，必须高度关注汇率波动问题，汇率波动对中国经济的各个方面都将产生重要的影响。人民币汇率制度安排要根据人民币国际化的进程和国内经济金融发展实际进行适当的调整，形成稳定、有弹性的人民币汇率。

第四，人民币离岸市场发展是人民币国际化进程的必然要求，也是助推人民币国际化的重要动力。在推动人民币离岸市场发展的过程中，应当根据人民币国际化战略布局，有步骤、有次序地推动人民币离岸市场发展，将人民币离岸市场发展的长远规划与中资金融机构海外发展战略结合起来，充分发挥人民币离岸市场全球网络关键节点的引领作用，形成境外人民币国际化深入发展。

第五，拓展中国货币合作需要新举措。人民币国际化离不开货币互换，要建立和完善以人民币为中心的货币互换网络，缓解国际金融机构短期流动性需求压力，防范国际金融危机的跨境传染风险，降低互换国央行积累外汇储备的必要性，促进国际贸易发展和国际金融市场繁荣。

第六，支付清算系统需要新机制。支付清算体系是金融基础设施的核心内容，在人民币国际化的过程中，需要建立可持续的人民币流出与回流机制。随着人民币跨境支付系统（一期）的建成，人民币跨境的"公路网"已粗具雏形。发达的路网，应该是干路与支路相互交织、纵横交错。"干路"作为人民币跨境流动的主要通道，要依托人民币跨境支付系统，把境内金融机构与境外离岸中心、境外大型金融机构连接起来。"支路"要依托"干路"，把"干路"上的金融机构与"干路"之外的金融机构连接起来。

另外，把跨境支付清算体系的"路网"建设好，重点就是要建设好"干路"和"支路"，使跨境流动更加便利。

第七，国际货币体系改革需要发挥人民币的作用。国际货币体系改革应从汇率制度、国际收支调节机制、国际储备结构、国际货币基金组织和世界银行等方面着手，注重中国经济和货币相对稳定的现状，强化国际多边协调的有效性，加强合作，提高共同应对危机的能力，推动世界经济的发展。

我很高兴看到李思敏同志在实践工作中不断思考、笔耕不辍，对上述问题进行探索，最终成册。相信本书会对金融从业者和广大师生，以及对货币研究有兴趣的有志之士都会是一种带来启迪；对进一步推进人民币国际化具有重要的理论指导和实践价值。

陈云贤

2021 年 6 月 2 日于广州

目 录

第 1 章 国际货币体系演变与人民币国际化 ………… 1

1.1 国际货币的诱惑：货币国际化收益 ……………… 1
1.1.1 无所不在的美元 ………………………………… 1
1.1.2 那些"剪羊毛"的事 …………………………… 2
1.1.3 "剪羊毛"背后的逻辑 ………………………… 5
1.1.4 人民币国际化能带来哪些收益 ………………… 8

1.2 没有免费的午餐：货币国际化的成本 …………… 10
1.2.1 绕不过去的"悖论" …………………………… 10
1.2.2 货币国际化的理论成本 ………………………… 12
1.2.3 人民币国际化的或有成本 ……………………… 14

1.3 国际货币是怎样炼成的：货币国际化条件 ……… 15
1.3.1 霸权货币的交椅 ………………………………… 15
1.3.2 货币国际化的条件 ……………………………… 17
1.3.3 东亚货币国际化之旅 …………………………… 20

1.4 在路上的人民币国际化：优势与挑战 …………………… 23
    1.4.1 从跨境结算到"国际化" …………………………… 23
    1.4.2 人民币国际化的优势 ………………………………… 24
    1.4.3 人民币国际化的挑战 ………………………………… 26

第2章 打开思维的藩篱：人民币国际化路径 …………… 29

2.1 扬长补短：货币功能视角下人民币国际化路径 ………… 29
    2.1.1 货币国际化中的功能转变 …………………………… 29
    2.1.2 人民币国际化中货币功能转变的困扰 ……………… 35
    2.1.3 货币功能视角下人民币国际化路径选择 …………… 37

2.2 登高望远：空间视角下人民币国际化路径 ……………… 39
    2.2.1 货币国际化进程中空间拓展的关键：区域货币合作 …… 39
    2.2.2 人民币国际化进程中空间拓展的挑战 ……………… 41
    2.2.3 空间视角下人民币国际化路径选择 ………………… 43

2.3 收放自如：动力视角下人民币国际化路径 ……………… 44
    2.3.1 货币国际化的重要动力源：跨境资金流动循环体系 …… 45
    2.3.2 人民币国际化离不开动力机制的建设 ……………… 47
    2.3.3 动力视角下人民币国际化路径选择 ………………… 48

第3章 人民币国际化对我国货币政策的影响 …………… 52

3.1 溢出与回溢：对货币政策的再认识 ……………………… 52
    3.1.1 格林斯潘利率之谜 …………………………………… 52
    3.1.2 货币政策溢出与回溢效应 …………………………… 53

3.2 人民币国际化对货币政策影响 …………………………… 54

3.2.1 人民币国际化对货币需求的影响 ·········· 55
3.2.2 人民币国际化对货币供给的影响 ·········· 56
3.2.3 人民币国际化对货币政策传导机制的影响 ······ 59

3.3 人民币国际化对我国货币政策的挑战 ············ 61
3.3.1 人民币国际化对中国货币政策独立性的挑战 ····· 62
3.3.2 人民币国际化对货币政策工具运用的挑战 ······ 64
3.3.3 人民币国际化对中国货币政策实施效果的挑战 ···· 65

3.4 货币政策如何适应人民币国际化 ············· 67
3.4.1 夯实基础 ······················ 67
3.4.2 内外均衡视角下的利率政策与汇率政策协调 ····· 69
3.4.3 灵活运用货币政策工具 ··············· 70

第4章 汇率与人民币国际化 ················ 73

4.1 汇率与货币国际化的联系：历史的脚印 ·········· 74
4.1.1 美元国际化与美元汇率波动亦步亦趋 ········· 74
4.1.2 日元国际化被动荡的汇率推向深渊 ·········· 76
4.1.3 稳定的汇率是欧元国际化的助跑器 ·········· 77

4.2 汇率波动会影响人民币国际化吗 ············· 79
4.2.1 汇率波动影响人民币国际化的事实 ·········· 79
4.2.2 汇率波动影响人民币国际化的路径 ·········· 82

4.3 汇率制度会影响人民币国际化吗 ············· 83
4.3.1 汇率制度选择的博弈：一个理论 ··········· 84
4.3.2 汇率制度的类型对货币国际化的影响：一个案例 ···· 86

4.4 人民币国际化背景下汇率制度选择：量体裁衣 ······· 87

4.4.1 人民币国际化对人民币汇率制度提出的新要求…………87
4.4.2 人民币国际化战略下人民币汇率制度的选择…………89
4.4.3 完善人民币汇率制度的政策建议………………………90

第5章 人民币国际化与离岸金融市场…………………92

5.1 战略起点：离岸金融市场的功能………………………92
5.1.1 资金池与缓冲功能………………………………93
5.1.2 流动性创造功能…………………………………93
5.1.3 全天候市场交易功能……………………………94
5.1.4 磁吸功能…………………………………………94

5.2 前车之鉴：主要国际货币离岸市场发展比较…………95
5.2.1 美元离岸市场发展与美元国际化………………95
5.2.2 日元离岸市场发展与日元国际化………………96
5.2.3 美元、日元离岸市场发展的启示………………97

5.3 人民币离岸市场发展：以香港市场为例………………99
5.3.1 人民币离岸市场的发展现状……………………99
5.3.2 香港人民币离岸市场的发展历程………………100
5.3.3 人民币离岸市场发展的不足之处………………102

5.4 多管齐下：促进离岸市场发展支持人民币国际化……104
5.4.1 充分发挥中资金融机构的主力军作用…………104
5.4.2 发挥香港人民币离岸市场的核心作用…………105
5.4.3 促进离岸市场与在岸市场的并联………………105
5.4.4 促进主要人民币离岸市场之间的串联…………106

第6章 货币合作与人民币国际化 ………………………… 108

6.1 货币互换：人民币国际化的"引擎" ………………… 108
6.1.1 认识的误区 ………………………………………… 108
6.1.2 国际货币互换体系的由来 ………………………… 111
6.1.3 货币互换之"引擎"作用 ………………………… 114

6.2 松动的皮带："引擎"空转之困 ……………………… 117
6.2.1 落地之困 …………………………………………… 117
6.2.2 解决之法 …………………………………………… 119

6.3 推动"引擎"：完善以人民币为中心的货币
互换网络 ……………………………………………… 121
6.3.1 货币互换网络新趋势 ……………………………… 121
6.3.2 比较优势 …………………………………………… 123
6.3.3 建立和完善以人民币为中心的货币互换网络 …… 124

第7章 支付清算体系与人民币国际化 …………………… 127

7.1 车流与路：呼唤现代化的跨境支付清算体系 ……… 127
7.2 大路行天下：主要国际货币跨境支付清算
系统比较 ……………………………………………… 129
7.2.1 美国清算所银行间支付清算系统 ………………… 129
7.2.2 日本全额实时清算系统 …………………………… 130
7.2.3 欧元自动实时收付系统 …………………………… 130
7.2.4 人民币跨境支付系统 ……………………………… 131

7.2.5 主要启示 …… 132

7.3 不断拓展的路：人民币跨境支付清算模式 …… 134
 7.3.1 境外清算行模式 …… 134
 7.3.2 代理账户行模式 …… 136
 7.3.3 人民币 NRA 账户模式 …… 137
 7.3.4 不足之处 …… 138

7.4 高速路之眺：人民币跨境支付清算体系的未来 …… 140
 7.4.1 加快拓展 CIPS 功能 …… 140
 7.4.2 完善跨境人民币清算体系 …… 141

第8章 人民币国际化展望

8.1 国际货币新格局 …… 143
 8.1.1 国际货币体系的缺陷 …… 143
 8.1.2 国际货币体系改革方向 …… 148
 8.1.3 国际货币新格局下的人民币 …… 153

8.2 人民币国际化战略 …… 156
 8.2.1 我们的作业 …… 156
 8.2.2 中美货币合作 …… 158

参考文献 …… 164

第❶章
国际货币体系演变与人民币国际化

1.1　国际货币的诱惑：货币国际化收益

1.1.1　无所不在的美元

很长时间以来，美元在全球货币体系中占据霸主地位。石油等大宗商品均以美元计价，全球多数贸易以美元作为计价交易和结算货币，大多数国家的外汇储备币种均为美元。我们发现一种现象，每当美国需要举债时，美元就变得十分强势；而每当美国需要稀释债务时，美元则变得非常弱势。虽然各国央行都在印钞票，但美联储却能从空气中挤出钱来，美国多印钞票，收获了铸币税，却把通货膨胀引向其他国家，并且财务体质越弱的国家，越容易感冒，越容易受到冲击。

美元似乎是一潭肥水，它流向哪里，哪里便是沃土，繁花似锦；它抽离哪里，哪里就会出现贫瘠，一片萧条。如果说美联储是幕后的总指挥，那么华尔街则是超级阵地。1944年，西方主要国家代表确立了布雷顿森林体系，44个国家把黄金运送到美国，5000吨金条被存放在华尔街122个房间里，美联储按照与黄金挂钩的比率投放美元，美元作为世界通用货币得到各国认可，从此，奠定了美元的国际货币地位。1972年，牙买加体系取代了布雷顿森林体系，美元地位有所削弱。时至今日，尽管可供一国选择的国际储备不单是美元，还可以是黄金储备、国际货币基金组织（IMF）的储备头寸、特别提款权（SDR）以及欧元、人民币、日元和英镑等国际性货币，但美元依旧是最主要的国际货币。由于美国货币政策强大的外溢效应，美联储通过控制美元的发行总阀和基准利率，直接左右华尔街的动态，引导资本流动方向，改变美元汇率，进而对全球金融发号施令，呼风唤雨。

美元霸权给美国带来了巨大的利益，美国可以开动印钞机印钱，以换取自己所需。凭着这个特权，美国发展了最先进的科技、最强大的军队，建立了美元清算网络系统，监督并控制着美元的流向，并且根据自己的利益和价值取向，保持以金融手段冲击某个国家或地区的威慑力。

1.1.2　那些"剪羊毛"的事

美元在流动中能赚取其他经济体的财富，如同一把无形的"剪刀"，不停地剪着"羊毛"。在牙买加体系建立后的几十年中，美国每时每刻都在忙碌着：有明剪的，即铸币税；也有暗剪的，即美元潮汐。美国特别善于利用金融工具,在大规模资本流动中实现财富的积累。美联储放松银根[①],全球经济涨潮,风险资产价格攀升。美联储收缩银根,全球经济收缩,风险资产价格下跌,避险资产价格上涨。在资源生产国危难之时,美国再用美元进行投资和收购优质资产,进而获得高额的投资收益。

在"剪羊毛"的那些事中,不能忘却的是始于泰国的1997年亚洲金融危机。从1984年开始,泰国实行盯住美元的固定汇率制。1984~1994年,在美元持续贬值带动下,泰铢也随之贬值,这在很大程度上促进了泰国的出口。据统计,1991~1995年,泰国的出口平均年增长率为18.17%,但出口的主要是劳动密集型且较为单一的产品。出口的快速增长推动了泰国经济发展,也带动了工资成本的快速上升,1995年泰国最低工资增长了23%。1993年,泰国推出了曼谷国际金融安排(Bangkok International Banking Facilities, BIBF),它确立了离岸金融业务开放框架:泰国中央银行向15家泰国商业银行、35家外国商业银行在泰国的分行发放了BIBF经营许可证,获得经营许可证的商业银行可以从国外吸收低利率的存款和借款用于发放贷款。同时,允许非泰国居民在泰国商业银行开立泰铢账户,进行存款或借款,并可以自由兑换。在1992年之后的4年内,泰国外债由396亿美元增加到930亿美元,相当于当年GDP的50%,而泰国的银行从国际上借入的短期资本,大量流向房地产市场和股票市场。至1996年底,泰国有近30%的国外贷款和80%的外国直接投资进入房地产和证券市场,住宅空置率达20%,这导致泰国的股票价格和房地产价格"泡沫"的产生。

1995年,美元汇率开始走强,泰铢实际有效汇率被动跟随美元不断升高,这严重削弱了泰国的出口竞争力,泰国该年度贸易赤字达到162亿美

---

① 银根是指金融市场上的资金供应,是市场上货币周转流通的情况。

元，占当年GDP的8%。然而此次美元汇率走强并没有很快停止，导致泰国出口增长率也从1995年的24%下降到1996年的3%，这加剧了泰国贸易逆差。在美元升值驱使下，大量短期资本撤离泰国资本市场，泰国的房地产和股市"泡沫"开始破灭，各类金融机构呆账、坏账猛增。

在泰铢危机前夕，索罗斯等国际资本大鳄有备而来，大量买入泰国股票，不断推高泰国的股价。1997年2月，索罗斯带领国际游资开始收网行动：在外汇市场上，首先大量借入泰铢，兑换成美元，而后联合国际投机资本大量抛售泰铢；在资本市场上，索罗斯在投资者心中制造恐慌，动用现货股票、期货、期权大量抛空泰国股票。那些之前进入泰国股市和房地产市场的短期资金疯狂撤离，彻底让泰国央行的外汇储备弹尽粮绝。1997年5月，泰国股指同比下跌幅度超过60%。实体经济恶化叠加金融市场动荡，强化了泰铢的贬值预期，导致挤兑风潮频发。泰国金融危机很快席卷了东南亚地区，菲律宾比索、印度尼西亚盾、马来西亚林吉特等相继成为国际炒家们的攻击对象，风暴摧残了东南亚许多国家，使其金融市场动荡、经济萎缩，许多企业倒闭和濒临破产，许多民众资产严重缩水或是失业，由此陷入困境，而这些"羊毛"随着美元流进了美国。

为了应对次贷危机，从2008年11月开始，美联储先后实施了4轮量化宽松（QE）政策。所谓量化宽松，主要指中央银行在实行零利率或近似零利率政策后，再通过购买国债等中长期债券，扩大基础货币供给，向市场注入大量流动性货币的过程。相对于央行在公开市场中对短期政府债券所进行的日常操作而言，量化宽松所涉及的政府债券，期限较长、金额较大。在美国实施的4轮量化宽松中，QE3和QE4是开放式计划，意味着只要美联储认为美国就业市场没有显著改善，就可以一直宽松，直到目的达成为止。

量化宽松是典型的债务货币化过程,即以"印钞"的方式来解决自身债务问题。由于美元的霸主地位,美国货币政策溢出效应明显。在美国量化宽松的过程中,不仅发达经济体难逃其苦,新兴经济体更是不堪其忧。伴随着量化宽松政策的实施,全球资产价格暴涨,此时西方主要国家央行利率接近于零,而新兴经济体的利率均高于发达国家,套利资金持续涌入新兴经济体。结束量化宽松政策时,全球资产价格暴跌,跨境资本撤出新兴经济体,回流美国,美国的融资环境大幅改善。资本大规模撤出新兴经济体的后果,就是资本市场动荡,如股市下跌、货币贬值等。

1990年日本经济陷入大衰退、1997年亚洲金融危机以及2008年全球经济危机等,都重复着"剪羊毛"的故事。如巴西,由于2014年美元开始升值,全球大宗商品价格出现了悬崖式的暴跌,这大大挫伤了其经济增长的元气。自2014年起,巴西政府财政已连续两年出现赤字,其经济在2015年衰退了3.8%,为近25年来最差表现。

1.1.3 "剪羊毛"背后的逻辑

美元作为第一大国际货币,其所获得的收益是明显的。美国全球超级大国战略的基本逻辑是以美元霸权为起点,以美国债券为支撑,掌控全球战略资源,实施军事扩张,推进美国战略挤压对手,进而维持美元霸权地位。作为关键国际货币的发行国,美联储在某种意义上是国际中央银行。一种货币一旦上升为主要国际货币,其收益主要表现在以下七个方面:

第一,能够获得铸币税。从本质上来说,铸币税是指中央银行发行货币的成本与货币流通中的币值之间的差额。它是一国政府除了征税和借款之外获取收入的一个重要渠道,是在拥有货币发行权的前提下,通过不断降低单位货币的购买力而从持币者手中间接取得的收益。在贵金属货币时期和信用货币时期，铸币税收取的方式有所不同，贵金属货币时期主要通过降低货币中的贵金属含量和成色，收取铸币费用，从而获得铸币税。到了信用货币时代，发行纸币的边际成本变得非常小，未来如果推出数字货币，铸币税几乎等于货币的发行额。当一国的货币上升为国际货币，铸币税收取范围也就由国内拓展至国际。国际铸币税是国际货币发行国对非居民持有该国际货币标价的金融资产所获取的收益与所支付的利息之间的差额。国际铸币税的收益与该国际货币的垄断地位成正比。Alan S. Blander 在 1996 年的研究表明，1984~1996 年，美元获得的国际铸币税为 110 亿~150 亿美元。

第二，能够改善贸易条件。通俗地说，贸易条件是指一国每出口一单位商品可以获得多少单位的进口商品。原来出口两双袜子能够换回一瓶香水，如果现在出口一双袜子就能换回一瓶香水，就意味着贸易条件改善，如果现在出口三双袜子才能换回一瓶香水，则意味着贸易条件恶化。国际货币发行国企业可以节约交易成本。在跨境贸易中，如果贸易商使用他国货币进行计价、结算，可能会面临汇率风险，尽管贸易商可以运用金融衍生工具，如通过套期保值等手段来规避风险，但这也得承担相应的交易费用。国际货币发行国的企业和个人在贸易与投资中直接使用本币计价和结算，则不存在汇率问题，这在很大程度上降低了交易风险，减少了交易步骤，节约了交易成本，有利于其融入全球经济，促进外贸发展。

第三，能够增强国际支付能力。非国际货币发行国在出现临时性的国际收支逆差时，常常使用外汇储备进行融资，如果本国的国际收支长期逆差，则需要综合运用货币政策、财政政策等多种手段进行调控，这种调控方式往往周期较长、成本较高。而对于国际货币发行国，在国际收支出现逆差时,由于其货币本身就是国际支付手段和国际储备货币,在调节国际收支方面具有特殊的便利,可以直接使用本国货币对外支付,从而将失衡调节压力直接转嫁给其他国家。例如,美国自1976年以来贸易持续逆差且不断扩大,但依靠美元的国际地位、流动性较高的债券市场和相对成熟的资本市场,使贸易顺差国家的美元储备源源不断地进入美国,帮助其稳定经济增长,享受着"无泪赤字"的快乐。

第四,有利于国际货币发行国债券的发行。非国际货币发行国持有了大量外汇储备,其中许多用于购买货币发行国的债券,这增加了货币发行国债券的市场需求,从而有助于国际货币发行国债券发行,降低利息率。以美国为例,其他国家持有了大量美元外汇储备,而美国对外国资本购买其资产有严格的限制,这些资产买不到美国的核心优质资产,只能购买低息的美国债券,这就增加了对美国债券的需求。

第五,货币国际化与本国金融市场发展相辅相成。货币国际化能够促进本国金融市场发展。一国货币上升为国际货币,其在国际交易中的使用将增加,该国的金融机构将受益于国际货币带来的业务规模扩张,而规模效应又能降低金融交易成本,促进该国的金融市场专业化和规范化。金融市场发展又能够促进货币国际化,越成熟的金融市场越能给交易参与者更便利、更优质的服务,能增强该货币的吸引力,使交易者在更多的交易中使用这种国际货币进行计价、结算和投资,实现国际货币发行国交易网络的自我扩张与强化。

第六,在货币政策制定方面拥有一定程度的主动优势。对于国际货币发行国,特别是关键国际货币发行国而言,中央银行在制定货币政策时,原则上既要考虑本国的经济发展,又要兼顾货币政策对其他国家的影响。然而,当这两个目标不一致时,国际货币发行国经常会优先考虑本国利益,制定更有利于本国经济发展所需的货币政策，其他国家往往只能被动地跟随调整。

第七，货币国际化有利于提升发行国在国际事务中的话语权。如果一种国际货币上升为关键国际货币，具有较高的垄断性，国际市场上对该国际货币就会产生较大的需求，甚至会形成依赖。然而，国际货币只能由发行国提供，这种特殊的权力使发行国能主导国际经济的游戏规则，左右国际争端谈判，通过控制国际事务话语权，维护国际货币发行国的利益。例如，美国在国际货币基金组织有一票否决权，可以否决一切美国不喜欢的提案。同时，国际市场上的大宗商品（特别是石油和铁矿石）多以美元计价，这使美元在某种程度上拥有了对国际大宗商品的定价权。

一个国家对国际货币的依赖程度越高，其在国际事务中受制国际货币发行国的可能性就越大。20世纪90年代，巴拿马、萨尔瓦多和厄瓜多尔等拉美国家掀起美元热，将美元使用合法化。然而，货币"美元化"并没有给这些国家带来想要的效果，反而出现了一系列问题。例如，在"强势美元"环境下，厄瓜多尔作为世界第一大香蕉出口国的优势不断减弱，阿根廷外贸和财政状况持续恶化，并出现金融危机；在"弱势美元"环境下，拉美国家又由于金融体系中美元资产较多，遭受较大损失。在经历了一系列金融危机后，拉美国家意识到，"美元化"给其金融体系稳定性带来隐患，使其经济独立性受到牵制。2008年以后，"去美元"化声音逐渐响亮，这很耐人寻味。

1.1.4 人民币国际化能带来哪些收益

在当前国际货币体系下，美元占绝对主导地位，其次是欧元。国际货币使用存在惯性，短期内，人民币在国际货币体系中所占份额依然较小。因此，我们不能过高估计人民币国际化"铸币税"收益。但是，要重视人民币国际化所带来的其他方面的收益。

第一，有利于外汇储备的多元化调整。目前，中国仍是世界美元外汇储备最多的国家。2015年末，我国仍持有1.246万亿美元的美国国债。人民币已经加入SDR，表明国际货币体系由美元霸权朝更加多元化的方向发展，这有利于中国外汇储备的多元化调整，减少美国"剪羊毛"造成的福利损失。

第二，有利于防范和降低汇率风险。在人民币国际化进程中，中国企业将会更多地使用人民币计价、结算和投资，这样不仅有利于企业降低汇率风险和汇兑成本，促进中国对外贸易和投资的发展，也能促进出口信贷等金融业务的增长。

第三，有利于促进边境贸易的发展。近年来，边境贸易发展较快，周边国家较为丰富的自然资源与中国市场需求形成了互补。人民币跨境流动，在一定程度上推动和扩大了双边经贸往来。随着亚洲市场整合程度的提高，人民币能够帮助亚洲新兴市场经济体解决汇率制度选择的难题，为亚洲国家和地区提供普遍接受的价值尺度、支付手段、流通手段和贮藏手段，进而推进人民币区域化进程，促进区域经济发展。

第四，有利于金融体系的发展。随着人民币国际化程度的提高，越来越多的国际金融机构将进入中国金融市场，这在业务品种、服务手段、风险管理等方面对中国金融机构提出了更高的要求。"鲶鱼效应"将有助于推动我国金融机构效率的提高，有助于中国金融机构经营管理水平的提升。同时，也将促进中国金融市场发展、国际金融中心的建设和金融管理体制改革的深化。

第五，有利于增强中国在世界舞台上的话语权。人民币在国际货币体系中地位的提升，将有助于改变长期以来中国"贸易大国，货币小国"的状况，增强中国对全球经济活动的影响力和话语权。

1.2　没有免费的午餐：货币国际化的成本

1.2.1　绕不过去的"悖论"

布雷顿森林体系的运转必须满足三个条件：美国的黄金储备充足；黄金必须维持在官价水平；美国的国际收支必须顺差。1960年，美国经济学家罗伯特·特里芬指出："各国为了发展国际贸易，必须用美元作为结算与储备货币，这样就会导致流出美国的货币在海外不断沉淀，对美国来说就会发生长期贸易逆差；而美元作为国际货币核心的前提是必须保持美元币值稳定与坚挺，这又要求美国必须是一个长期贸易顺差国。"作为关键国际货币，美元负有向全球提供流动性的责任，而提供储备货币的国家需要越来越大的经常项目逆差才能保证充足的资金向国际市场提供流动性，但当一个国家的逆差越来越多时，负债就会越来越高，这又反过来对货币信心造成冲击。这种关系是互相矛盾的。

20世纪六七十年代，由于美国黄金储备减少、通货膨胀加剧、国际收支持续逆差、美元发行过量等原因，美国无法支撑美元与黄金的兑换，最终导致布雷顿森林体系于20世纪70年代完全崩溃。以黄金非货币化（黄金

第1章 国际货币体系演变与人民币国际化

与各国货币彻底脱钩，不再是汇价的基础）、国际储备多元化（美元、欧元、英镑、日元、黄金、特别提款权等）、浮动汇率制合法化（单独浮动制、联合浮动制、盯住浮动制、管理浮动制）为主要内容的牙买加体系确立并沿用至今。

布雷顿森林体系与生俱来的"悖论"，根源在于关键国际货币币值稳定与发行国国际收支平衡之间的矛盾。因此，即便在20世纪70年代牙买加体系确立后的几十年里，这一矛盾依然存在。国际货币发行国大幅增加其流通货币，会恶化国际收支，影响世界各国对该国际货币的信心。例如，2008年国际金融危机后，美国通过"量化宽松"向金融体系注入流动性，导致美元贬值。在美国向全球输出衰退、转嫁危机时，也将影响其国际收支平衡，弱化美元的国际货币地位。

这个"悖论"告诉我们：依靠单一主权国家货币来充当国际清偿能力的货币体系容易陷入"特里芬难题"而走向崩溃，国际货币不能美元独大，必须多元化。对我国而言，未来如何把维持贸易顺差与进行货币输出有机结合起来，如何在人民币贬值与维持币值坚挺之间寻找平衡，如何在服务对外的经济目标和对内的经济目标之间权衡利弊，是我们需要长期面对并解决的问题。

2009年3月，周小川在《关于改革国际货币体系的思考》一文中指出，SDR具备"超主权储备货币"的特征和潜力，需要拓宽SDR的使用范围，建立起SDR与其他货币之间的清算关系，推动在国际贸易、大宗商品定价、投资和企业记账中使用SDR计价，完善SDR的定值和发行方式，吸收各国现有的储备货币以作为其发行准备，推动创立SDR计值的资产，增强其吸引力。"超主权储备货币"能克服主权信用货币的内在风险，增加国际金融体系的稳定性。但同时也意味着将会改变世界货币格局，结束美元的统治时代，减少全球为美国买单，以美国为首的金融强国自然不太乐意，并摇起反对的旗帜。尽管如此，国际货币基金组织还是吸收了中国的部分建议，2016年人民币正式成为SDR中的一员。

1.2.2 货币国际化的理论成本

全球金融危机的数次洗礼，带给我们一个启示：过于依赖美元的风险相当大。在我们渴望成为国际货币发行国之时，不能忽视可能付出的成本。一种货币一旦走向国际，资本市场高度开放，理论上其所面临的成本主要有：

第一，增大宏观调控的难度。虽然国际货币发行国在货币政策上拥有主动权，非国际货币发行国通常被动跟随调整，但是，国际货币发行国的货币政策在产生溢出作用的同时，也会有回溢效应，如同作用力与反作用力。多数情况下，各非国际货币发行国之间所制定的货币政策是不一致的，这些不同步、不一致的货币政策作用力彼此之间会相互抵消，给国际货币发行国带来的冲击有限。但是，如果多数非国际货币发行国采取同步的、与发行国相背的货币政策，就会产生一个较大的合力，会影响发行国中央银行执行货币政策的效果，并可能对发行国的经济产生不利影响。例如，当多数非国际货币发行国紧缩银根，而发行国实行宽松的货币政策时，发行国银行利率降低，会导致大量的套利游资逃向非发行国，影响发行国的宽松货币政策效果。同样，当国际货币发行国提高利率，执行紧缩的货币政策，而多数非发行国放松银根时，又会有大量的套利资金进入国际货币发行国填补空白，影响紧缩政策效果。

第二，加大本国货币政策操作难度。一国货币国际化后，本国货币在境外被持有和使用,而境外持有多少国际货币,往往取决于所在国的政治因素、经济政策、文化背景、储蓄习惯、消费偏好等多种因素,这提高了国际货币发行国对本币需求的预测难度,使合意货币供给难以准确计算和把握。同时,货币政策考虑的视野必须更加宽广,不仅要考虑境内因素,还要考虑境外因素,从这个角度来说,对本国货币政策的操作提出了更高的要求,也考验国际货币发行国调控经济的能力。

第三,容易引发金融市场剧烈波动。货币国际化后,必然要放松金融管制,提高资本市场开放度,允许资本的自由流动,这也为金融风险、通货膨胀或通货紧缩的输入和输出提供了更便捷的渠道,容易引起国际货币发行国金融体系的不稳定。当某种因素导致市场对该国际货币有强烈的贬值或升值预期时,可能会产生大规模的抛售或购买行为,"羊群效应"又会放大这种行为,从而会对发行国金融市场产生冲击。繁荣时期,国际游资的大规模进入容易扩大发行国金融市场的泡沫;萧条时期,国际游资的大规模撤离又会加深发行国金融资产价格的下跌。金融市场大幅波动会传导至实体经济,有时甚至会引发区域性、全球性金融危机。

第四,增大金融监管难度。首先,作为国际货币发行国,开放的金融环境、众多的市场参与者、较丰富的金融产品和庞大的金融交易量给金融创新提供了肥沃的土壤,倘若金融监管跟不上金融创新的步伐,那么容易导致金融创新过度,引发金融风险。例如,2008年美国的金融危机,其根本原因在于美国加速推行新自由主义经济政策后,让华尔街投机者钻了金融监管的漏洞,一些经过层层包装的资产证券化和金融衍生产品流入市场,以致购买了这些资产包的机构和个人投资者不知道资产包里装的是什么。实际上,这些资产包很大部分是建立在房地产市场只涨不跌、利率不变或下跌、住房市场持续景气的前提下,大量不具备还款能力的按揭消费者不会违约的基础上。其次，货币国际化后，境外货币流通范围和规模增大，会加大打击金融违法犯罪的难度。假币的流通势必会影响持币信心，破坏发行国的国际信誉，因此，反假币工作是必须的。然而，货币被伪造的可能性通常与货币流通范围成正比，一种货币在国际领域流通后，增大了反假币、反洗钱等工作的难度，金融监管成本也相应增加。

1.2.3 人民币国际化的或有成本

人民币国际化的进程也是中国资本账户逐渐放开、人民币走向自由兑换的过程。随着中国金融市场与世界金融市场的融合发展，各种可能出现的风险构成了人民币国际化的或有成本。

第一，考验我国宏观调控能力。在全球经济一体化的今天，我们已经能够感受到，世界是普遍联系的，当人民币走向世界后，决策者在制定货币政策时，必须具有国际视野，不仅要考虑国内经济增长目标、通货膨胀水平、国际收支状况、充分就业情况，还要考虑国际的情况。例如，在制定利率政策时，除了国内情况外，还得考虑美国等世界主要经济体的利率水平和动向。随着人民币国际化水平的进一步提升，中国调控水平和能力将受到更大的考验。

第二，考验我国汇率管理水平。目前，人民币由单纯盯住美元改为盯住一篮子货币，这会增强人民币与其他单一货币的波动性和独立性，而企业经营通常对象比较特定，如果没有对应的风险管理工具，未来汇率波动对微观主体的影响会更加明显，不利于企业稳定经营。相对而言，人民币的风险管理工具无论是种类还是数量，均难以完全满足人民币国际化的需要。此外，如果人民币的名义汇率相对于实际汇率被明显高估，那么境外投资者就很可能从离岸市场上借入人民币，然后在外汇市场上集中抛售，从中得利，并增加中国的外债负担。如果外债占 GDP 的比例较高，还容易引发债务危机。

第三，考验我国金融体系的稳定性。在人民币国际化进程中，金融市场价格的大幅波动将给我国金融机构的经营管理带来挑战。中国金融市场发展还不是很成熟，金融机构应对外来冲击的抵御能力相对较弱，金融监管也有待进一步完善。在人民币国际化进程中，亟待完善中国的金融体系。

1.3 国际货币是怎样炼成的：货币国际化条件

1.3.1 霸权货币的交椅

有人把货币国际化比喻为"打白条"，只不过要想让其他国家都对"白条"趋之若鹜并不容易，需要在强大的政治、经济和军事实力基础上建立起"国家信用"才能做到。美国前国务卿基辛格曾说："一个时代有一个中心国家，一个时代有一个代表那个时代的货币。"国际货币离不开特定的制度环境，即国际货币体系。在国际市场上履行交易媒介、支付手段、计价单位和价值贮藏职能的国际货币，是这个体系中的重要元素。翻开国际货币体系演变史，展现在我们面前的，不仅是强权货币更替的历史，更是一部国运兴衰史。

从国际信用货币史来看，最早坐上霸权货币交椅的是英镑，金本位制是国际货币体系的"初始模式"。19世纪是英国的全盛时期，从19世纪20年代开始，英国对内不断完善金融体系，稳定英镑与黄金的比价；对外不断扩张，推行自由贸易政策，加强与各国之间的经济合作。凭借英国经济、政治与军事方面的明显优势，英镑成为当时国际上普遍认可的硬通货。此后，开始倒逼其他国家放弃金银复本位制，经过50多年的不懈努力，终于使其他主要资本主义国家接受了金本位制，放弃原来的金银复本位制，并将本国货币盯住英镑。德国于1871年宣布实行金本位制，丹麦、瑞典、挪威于1873年开始实行金本位制，法国及其盟国于1878年完全实行金本位制，俄罗斯和日本于1897年实行金本位制，美国也在1900年实行金本位制。从此形成了一个以英镑为中心的国际金本位货币体系。

然而好景不长，第一次世界大战后，世界格局发生了巨大变化，英国的综合实力在战争中被严重削弱，美国却大发战争财，一跃成为世界上最大的经济体。英镑霸权地位随之衰落，再也无法主导国际金本位制的运行。这段时间，原有的国际货币体系被打破，新的体系没有建立，各国均不顾及外部均衡问题，竞相让本国货币贬值，以扩大贸易比较优势。同时，对外汇实行严格管制，导致国际贸易不断萎缩，世界经济停滞不前。较为混乱的国际贸易环境呼唤新的国际货币体系，这给美国提供了契机。但是，此时美国的实力还不足以支撑美元的绝对霸主地位，而且各国对于建立什么样的国际货币体系尚未完全达成共识，国际金汇兑本位制便成为过渡性的安排。1922年在意大利召开的经济与金融会议，确立了国际金汇兑本位制，这是霸权货币更替下的国际货币制度。

在1929~1933年的大萧条时期，对美国经济的打击是空前的，但这场危机也使欧洲国家的经济遭受到更加严重的打击。英国为缓解国内的经济恶化，1931年9月，彻底放弃了金本位制，让英镑贬值，以增加出口。英国这一举动使得其他国家纷纷效仿,到 1932 年 4 月,共有 40 个国家相继脱离了金本位制。此时英镑无法延续昨日的辉煌,美元的崛起势不可当。美国政府在国际市场上大量收购黄金,将大量黄金收入国库,同时,积极开展经济外交,不断挤压英镑的国际生存空间,提升美元的国际地位。1938 年 11 月,美英签订了《美英贸易条约》,该条约的签订意味着美元已能在一定程度上主导英镑的走势。

第二次世界大战后,主要资本主义国家的经济格局再度发生了改变,美国的工业制成品占世界工业制成品总额的一半,对外贸易额占世界贸易总额的 1/3 以上,对外投资也急剧增长。而英国在战争期间再次遭受打击,经济实力已远远落后于美国。这时,美国和英国分别提出了"怀特计划"和"凯恩斯计划",对重建国际货币体系提出了各自的构想,但两者的分歧很大。美国坚持美元的绝对主导地位,且不留给英国任何"特殊地位"。此时美国已万事俱备,最终借 1944 年的布雷顿森林会议的东风,通过了以"怀特计划"为基础的《布雷顿森林协定》。从此,英镑彻底让出了货币霸权交椅。

20 世纪 70 年代牙买加体系确立后,美元霸权地位正缓慢下行,一些经济实力较强的经济体的货币也承担部分国际货币的职能,如欧元、人民币、日元等。但是,这些货币还只能算是一般国际货币,要成为关键国际货币必须具备多方面的条件,还有相当长的路要走。

1.3.2 货币国际化的条件

从英镑、美元霸权货币的更替可以看出,货币国际化是一个复杂的过程,是一国经济和政治实力的表现,也是市场选择的结果。绝大多数货币无法完成国际化之旅。一国货币国际化需要具备的主要条件有：

第一，较强的经济实力。较强的经济实力是一国货币走向国际的基础。长期来看，一国在世界中的经济地位在很大程度上决定了其货币在国际货币体系中的地位。国际货币作为国际通用的信用货币，与其在国内法定强制流通不同，境外持有者持有的信心来自对发行国的信赖，而这种信赖在很大程度上根源于该国的经济实力。强大的经济实力犹如行驶在大海中的航空母舰，可经受大风大浪的冲击。如果一个国家经济实力不强，经济总量不大，那么在自由兑换的条件下，外国对本币需求的微小变动都有可能导致该国货币汇率的大幅波动，容易对该国经济造成不良后果。而较大的经济体有较强的吞吐能力，也有较广的缓冲地带。如美国，虽然经历了数次金融危机，但由于经济实力比较强，经济总量较大，经济结构比较多样，金融市场产品比较丰富，每次都能抵御货币国际化所带来的风险，并成功转嫁风险，渡过难关。

虽然经济实力是货币国际化的决定性因素，但由于国际货币使用的惯性，从经济实力的超越到货币地位的超越，会存在较长的时滞，需要经历一个较为漫长的过程。例如，美国的GDP在19世纪末就已经赶超英国，但是美元的地位并没有迅速超越英镑，最终还是利用两次世界大战的历史契机，在经济实力、政治影响力等方面与英国拉开较大差距的情况下，美元才成功地取代英镑的霸权地位。

第二，较大的国际贸易总量。国际贸易是货币国际化的基础，货币国际化是国际贸易发展到一定程度的客观要求。一国进出口贸易规模与该国货币能否成为国际货币密不可分，进出口贸易规模越大、范围越广，同该国进行贸易的国家越多，意味着对该货币的潜在需求量也就越大。当其他国家可以通过贸易渠道自由获得，并在国际市场上能自由兑换和使用该国货币时，该货币被大多数贸易伙伴接受的可能性就越大，从而成为国际货币甚至关键国际货币的可能性就越大。同时，随着该货币交易量和交易区域的扩大，产生的规模经济效应可以降低该币种的交易成本，有利于该币种承担国际货币职能。例如，以英镑为主要国际货币时期，英国占世界贸易额的25%，美国占世界贸易额的9%；以美元为主要国际货币时期，英国占世界贸易额的12%，而美国占世界贸易额的16%。

第三，相对稳定的币值。相对稳定的币值是发挥国际货币作用的条件，它包括对内保持相对可控的通货膨胀率，对外保持相对稳定的汇率。币值相对稳定有利于减少持有成本，也有利于该国货币在国际上被广泛接受和使用。失控的通货膨胀率不仅会降低货币的购买能力，增加持有和使用的成本，也不利于其充当国际交易媒介、国际支付工具和国际储备货币职能。

第四，较为完善的金融体系。较为完善的金融体系是货币国际化的助推器，它包括相对成熟的金融调控体系、种类丰富的金融组织体系、全覆盖的金融监管体系、高效的金融市场体系、良好的金融环境体系等。从历史上来看，国际金融中心都是关键国际货币发行国的风口。金本位时期，英镑作为最重要的国际货币，与伦敦金融市场唇齿相依，开放的伦敦金融市场为各国投资者提供了比较丰富的金融产品，这增强了英镑的吸引力，强化了英镑的国际地位。20世纪中叶，随着英镑淡出霸主地位，纽约跃居国际金融中心之首，美国较为完善的金融体系也成为维系美元霸权地位的重要工具。同时，较为完善的金融体系意味着市场信息能够较为充分地反映在价格上，能充分发挥价格的信号作用，有利于合理引导投资者预期，促进国际资本的有序流动，给持有和使用该国货币的国际伙伴们带来很多好处；作为企业和个人持有者，能够保证他们快捷地进行贸易资金结算，便利地在金融市场上融通资金，高效地在资本市场上运作闲置资金；作为国家持有者,有利于国际储备的保值和增值。因此,关键国际货币离不开发达的金融市场体系。

第五,较为充足的国际清偿手段。一国的国际清偿手段主要包括该国的国际储备(如黄金储备、外汇储备和特别提款权储备等)和对外融资的能力。一国国际清偿手段决定了该国调节国际收支和干预外汇市场的能力。国际清偿手段越充足,能应付随时可能发生的汇兑要求、维护汇率的相对稳定、实现国际收支动态平衡的能力就越强。在各种国际清偿手段中,黄金相对于特别提款权和货币互换协议更具稳定性和可靠性,因此,即使在信用货币年代,保有大量的黄金储备,对增强该国货币持有者信心也是非常重要的。

第六,较强的政治实力。蒙代尔曾指出:"最强的货币是由最强的政治实力提供的,这是一个具有历史传统的事实。"政治如果不稳定,经济发展就会受到影响,该国货币也会成为"烫手山芋"。较强的政治实力不仅来自较强的经济实力,还来自于较强的军事实力和文化软实力。对内要保证政治稳定,对外要积极参与世界政治事务,保护境外持有本币资产的安全。

1.3.3 东亚货币国际化之旅

在东亚地区国家中,韩国和日本是积极推进货币国际化的国家,然而,韩元至今还谈不上是国际货币,日元国际化道路并不平坦,它们在货币国际化道路上的小插曲,能给我们某种启示。

1.3.3.1 韩元的国际化之旅

韩国经济具有中小型、开放型的特点,韩国对韩元国际化一直持有比较积极的态度,从20世纪80年代开始,韩国积极推进国内金融自由化和外汇市场改革,以期韩元国际化。一方面,逐步放弃了政府主导的金融体制,降低了金融机构的准入门槛,促进非金融机构的发展。放宽对利率的管制,积极发展直接融资市场,并放松了对公司债等债券发行的限制。另一方面,逐渐放宽企业、国内居民持有外汇的限额,取消外国居民用韩元结算的限制,允许韩元境外交易,努力推动韩元的自由兑换。

韩国的金融自由化和外汇管理改革,促进了韩国进出口贸易的发展。外贸发展和韩元的自由兑换,使韩元具备了货币国际化的某些条件。韩国为了尽快与发达国家为伍,加快了国际化进程,于1996年加入经济合作与发展组织(OECD),向发达国家开放国内金融市场。然而,韩国在快速国际化进程中,没有建立起有效的监管"防护栏",为金融危机埋下了伏笔。

金融风险常常源于产业、金融等多个领域的叠加。企业经营杠杆率过高,金融体系不健全,是1997年东南亚金融危机传导至韩国的直接原因。由于韩国大企业从银行得到贷款太过容易,其负债率过高,市场需求不振导致银行不良资产膨胀。如果金融体系比较健全,在一定程度上能够抵御金融风险,防范或降低金融危机带来的影响。不幸的是,韩国金融体系存在许多缺陷,而存在的问题都因经济发展表面的繁荣而得以被掩盖,使金融风险未能及时化解而不断积聚,最终演变为灾难性的金融危机。韩国经历了1997年金融危机之后,放慢了韩元国际化脚步,对国内金融体系进行了比较深入的改革,也给韩国经济带来了重生。

1.3.3.2 日元国际化之旅

在布雷顿森林体系下,日本一直采用1美元兑换360日元的固定汇率制。"二战"后日本经济高速增长,并一度超过欧洲成为第二大经济体。随着出口的竞争力增强,1968年起日本经常项目收支由逆差转为顺差。1967~1971年,日本的外汇储备增长近3倍。而美国由于资本流出使国际收支持续出现慢性赤字，1971年美国首次出现了经常项目逆差，动摇了人们对美元的信任。此消彼长，人们对日元升值的预期与日俱增。1971年12月，在主要10国的财政部长和中央银行行长出席的史密森会议上，各国之间达成了大幅度调整对美元汇率的协议，其中日元对美元的汇率升值16.88%。在牙买加体系下，日本采用了浮动汇率制，日元升值压力仍没有停止。

20世纪80年代初，日本对美国贸易顺差大幅增长。美国试图通过美元贬值改善对日本的贸易逆差，1985年9月，美国逼迫日本签订了"广场协议"，导致日元大幅升值，其升值趋势一直持续到1995年4月，日元对美元汇率曾经一度突破80日元兑换1美元大关。1986年12月，日本设立了东京离岸市场，标志着日本建设东京国际金融中心的步伐向前迈了一大步。20世纪90年代初，日本经济泡沫破灭，经济步入"失去的十年"。期间，日元国际化进程也停滞不前，日元在日本出口贸易中的结算比率下滑。

在日元国际化进程中，日本进行了一系列的金融体系改革，对于提升日本企业的国际竞争力有积极意义。但是，日本在国内金融市场建设滞后的情况下，企图通过直接的货币国际化来挑战"美元霸权"，这种单一的、功能性的货币国际化道路，其结果注定是失败的。日本政府缺少担当的短视行为也是日元国际化的绊脚石。例如，1997年亚洲金融危机期间，日本却"放任"日元贬值，使陷入危机中的亚洲各国雪上加霜。作为美国的马前卒，漠视与东亚国家的货币合作及货币汇率的稳定性，也是其日元国际化追求过程中的不足。如"安倍经济学"，借着量化宽松政策，引导日元贬值。日元汇率大幅波动，打击了其他国家对日元的信心，出于规避风险的考虑，会进一步削弱日元的国际地位。

1.4 在路上的人民币国际化：优势与挑战

1.4.1 从跨境结算到"国际化"

人民币国际化是指人民币获得国际市场的广泛认可和接受，能够跨境流通，成为国际计价、交换、结算、投资及储备货币的过程，其中，结算、投资和储备职能是衡量货币国际化的三项基本标准。人民币国际化发展大致经历了在周边地区的人民币现钞流通和使用，成为区域内贸易和投资的计值、结算和流通货币，以及成为储备货币这三个阶段。

改革开放后，人民币常出现在边贸集市中。1993年，中国人民银行与越南、蒙古国、老挝、尼泊尔、俄罗斯、吉尔吉斯斯坦、朝鲜和哈萨克斯坦8个周边国家的央行签署了边贸本币结算协定，这标志着人民币国际化的初级阶段的开始。1997年亚洲金融危机是人民币国际化的一个重要转折，在主要邻国面对危机、本币纷纷贬值之时，中国秉持负责任的大国态度，坚持人民币不贬值，赢得了世界各国特别是周边国家的高度赞誉。此时，人民币的流通范围也扩大到了与我国接壤的周边国家，在边境贸易和高端商场可以直接使用人民币，朝鲜、越南、蒙古国基本上可以在全境使用。

人民币在国际贸易和经济发展的带动下，低调、稳健地在国际化道路上前行。2000年5月，东盟与中国、日本、韩国在泰国清迈共同签署了建立区域性货币互换网络的《清迈协议》（Chiang Mai Initiative），它开启了中国与东盟国家的货币互换之门。此后，中国与其他多国签署了货币互换合作协议，人民币已经成为周边区域性货币，可以算是广义的国际货币。

中国经济实力增强以及较高的外贸依存度为人民币跨境贸易结算试点打下了坚实的基础，2009年，中国人民银行等六部委联合发布了《跨境贸易人民币结算试点管理办法》，开始在上海、深圳、广州、珠海、东莞五个城市开展跨境贸易人民币结算试点。2010年，新修订的《香港银行人民币业务的清算协议》落地，这成为香港人民币业务发展的分水岭。2011年，中央支持香港成为人民币离岸中心。在市场需求带动和一系列政策措施的鼓励下，人民币国际化进入快速发展阶段。中国在欧洲、北美洲、非洲、中东地区都建立了人民币清算行，人民币在交易和结算中正被越来越多地使用。

人民币国际化进展取得了较大成果。2015年末，人民币是全球第三大贸易融资货币、第五大外汇交易货币、第五大支付货币，连续5年成为中国第二大跨境收付货币；持有人民币储备资产的境外央行（或货币当局）数量不断增加，中国人民银行已与33个国家和地区的央行（或货币当局）签署了货币互换协议，总规模超过3.3万亿元人民币，约50家境外央行（或货币当局）在中国境内持有人民币金融资产并纳入其外汇储备。

从上述历程可以看出，人民币从跨境结算到"国际化"快速发展，以下三种推动力至关重要：一是中国经济的快速增长，带来广泛的市场需求；二是政府的支持，解除了限制措施；三是人民币离岸市场迅速崛起，促进了人民币在国际贸易和金融交易中的使用。

1.4.2 人民币国际化的优势

2008年全球金融危机后，各国呼唤分散金融风险，提升金融资源的配

置效率,在货币体系多极化发展的大背景下,人民币国际地位"应运而升"。人民币国际化具有以下四个方面的优势:

第一,较为庞大的经济总量。经济的迅速崛起是人民币国际化的坚实基础。目前中国 GDP 总值已居全球第二,尽管经济进入新常态,但相对于全球经济增长而言,增长速度仍较快。据国际货币基金组织(IMF)公布的数据,2015 年,中国的 GDP 达到了 676708 亿元,占全球 15%。作为全球第二大经济体,我国拥有建立有深度、流动性好的金融市场所必备的条件,也有较大的缓冲地带,能够抵御经济危机的冲击。

第二,不断扩大的贸易份额。货币国际化与进出口贸易总量关联度较高。从进出口贸易总额看,2015 年,中国货物贸易进出口总值为 24.59 万亿元,保持了全球货物贸易第一大国的地位。尽管对外贸易形势严峻,但中国市场份额逆势提升。2015 年,中国的出口表现明显好于全球主要经济体,出口市场份额达到 13%。庞大的进出口贸易规模为人民币国际化提供了良好的内生条件。

第三,较为充足的清偿手段。中国有多种外债清偿手段,尤其是拥有庞大的外汇储备,这为人民币国际化提供了支持,意味着中国具有流动好、规模庞大的支付能力,扩大了中国经济的世界影响力,奠定了人民币国际化的良好信用基础,方便了中国更广泛地参与世界贸易和投资。在人民币纳入 SDR 后,进一步增强了人民币的对外支付能力,更有利于中国维持外汇市场和汇率的相对稳定,保持国际收支动态平衡。

第四,较为强大的政治实力。当今世界面临贫困与发展、战争与和平、不同文明之间的冲突与包容以及生态环保等难题,西方模式不但解决不了这些矛盾,而且还激化了这些矛盾。例如,美国主导的"民主输出""阿拉伯之春"等使世界更加动荡不安。中国模式在解决这些问题方面有独特的魅力，对内政治稳定，包容共济，为中国赢得了宝贵的话语权。货币是一国经济的表象，也是一国文化的载体，中国国际政治地位的提高为人民币走向全球提供了良好的外部环境。

未来，随着中国经济供给侧结构性改革的推进，中国将从国际分工的中低端走向高端，从贸易大国变成贸易强国，并保持经济的中高速增长，这是未来人民币国际化的根本保证。

1.4.3　人民币国际化的挑战

刚起步的人民币国际化，在其成长过程中必然面临着一系列的挑战。

经济增长模式转型和经济结构调整需要较长的时间。改革开放后相当长的一段时间内，中国经济增长模式是粗放型的，依靠的是高储蓄、高投资和廉价劳动力的国际比较优势，而科技进步、现代服务业等对经济增长贡献率偏低。这种模式使中国陷入"低利润、高耗能、高污染"之痛，工业生态链比较脆弱，容易受原油、铁矿石、铜等国际原材料价格波动的冲击，容易引起贸易摩擦，也容易被欧美等发达国家的经济周期传染，"美国打喷嚏，中国就感冒""美国生病，中国吃药"的现象时有出现。然而，供给侧结构性改革不会一蹴而就，转变经济增长模式，实现产业结构升级，提高技术创新能力和出口产品的附加值，需要经过相当长时间的努力。

克服国际货币体系"路径依赖"需要新战略。国际货币体系具有较强的惯性，其改革与调整存在较长的时滞。以美元为中心的国际货币体系给美国带来了巨大的收益，美国重返亚太的目的在于羁绊人民币国际化。在这种情况下，人民币国际化既要低头走路，也要仰望星空，走出一条具有自身特色的国际化道路，采取新战略来保障人民币国际化发展路径的畅通高效，有效化解人民币国际化进程中可能出现的各种风险。现阶段需要顶层设计，也需要一个大的框架，还需要阶段性的措施。

货币政策需要新思维。如前文所述，货币国际化在一定程度上影响货币政策的独立性和有效性。随着人民币国际化进程的推进，利率的决定因素将更加复杂，货币政策考虑因素将更加广泛，中国货币政策必将面临意义深远的变革，这种变革和挑战是持续的、渐进的。如何下好货币政策这盘大棋，需要结合理论和实证方法，研究人民币国际化给我国货币政策各个变量和环节带来的影响，深入探索并形成系统思维。

中国汇率管理需要新手段。在人民币国际化进程中，必须高度关注汇率波动问题，汇率波动对我国经济的各个方面都将产生重要的影响。完善汇率管理政策，合理引导汇率预期，将有助于人民币国际化。然而，人民币国际化道路上应该制定怎样的汇率政策，汇率变动趋势将对人民币国际化产生何种影响，如何有效引导汇率预期，如何运用市场化手段管控汇率，这些都是需要思考的问题。

发展好离岸人民币市场需要新办法。一个交易活跃、流动性良好、价格形成机制比较公允的离岸人民币市场，是人民币国际化的港湾，然而，离岸人民币市场发展尚处于起步阶段，面临着不少国际法律领域的冲突；金融机构离岸人民币业务还不能满足市场的客观需求，总体上还停留在存款、贷款和国际结算等传统业务上，离岸金融产品不够丰富，产品设计与研发需要有新的突破。同时，离岸市场的交易使得人民币利率和汇率决定机制更加复杂化，离岸金融市场达到一定规模后，容易冲击在岸市场利率和汇率的形成机制，这种冲击近几年逐渐显现，如果不能建立起牢固的"海防堤"，就容易削弱宏观经济政策的有效性，甚至产生较为严重的金融问题。

货币合作需要新举措。人民币国际化离不开货币互换,货币互换在提供流动性支持、稳定国际金融市场、提高国际货币地位、应对全球经济金融治理格局的变化等方面有着重要作用,是各国央行管理流动性和应对金融危机的主要工具之一。目前,我国货币互换的整体利用率还比较低,不能很好地发挥货币互换的功能。在深入推进人民币国际化进程中,需要新措施、新实践。

人民币国际化发展需要加强支付清算系统建设。支付清算系统是金融基础设施的重要内容。在人民币国际化进程中,需要持续、高效的支付清算系统,需要有利于人民币流出与回流的长效机制,以打通人民币国际化的"肠梗阻"。如何构建市场化的人民币全球流动的新机制,丰富和提高国内金融产品的交易承载力,提高跨境金融市场的效率,增强稳定性与安全性,是需要解决的难题。

第 2 章
打开思维的藩篱：人民币国际化路径

2.1 扬长补短：货币功能视角下人民币国际化路径

从货币功能的角度来看，货币国际化是货币在国际经济交往中发挥计价、结算和价值贮藏等功能的过程。目前，人民币已经初步具备上述货币功能。因此，人民币国际化不必拘泥于货币国际化中功能转变的一般顺序，而应结合本国国情，充分发挥国际分工的比较优势，扬长补短，走出人民币国际化中货币功能转变的中国特色之路。

2.1.1 货币国际化中的功能转变

货币功能由国内向国际拓展是一国货币国际化的重要内容。虽然英镑、美元、德国马克、日元等货币国际化的进程各有特色,但是在货币功能转变方面基本上都经历着计价货币→结算货币→投资货币→储备货币的转变进程。具体来看,主要体现在以下三个方面:

2.1.1.1 货币国际化功能转变的初级阶段是成为计价、结算货币

一国货币的国际化往往始于贸易领域。随着一国外贸实力上升,与世界各国贸易量越来越大,该国货币在国际贸易中的影响力不断增强,从而才有机会将本国货币的国内功能拓展至国外,发挥计价与结算作用。英镑、美元、德国马克、日元等货币的国际化进程无不如此。

国际贸易是英镑走出国门的主要原因和动力。19世纪英国依赖工业革命建立了强大的工业体系,通过推动国际贸易从世界各国进口原材料,并向世界各国出口工业制成品,逐渐成为全球第一大经济和贸易国,为英镑国际化奠定了基础。1860年,英国所生产的工业品占世界比重40%~50%,出口贸易总额占主要发达国家出口额的40%。[1] 当时世界各国在国际贸易中不仅可以用黄金来计价和结算,而且可以用大家普遍认可的信用货币来计价和结算。凭借英国在全球经济和贸易中的影响力,英镑成为该时期国际贸易中的关键计价和结算货币。

美元国际化离不开美国强大的对外贸易实力。19世纪下半叶开始的工业化使得美国取代英国成为全球经济第一大国。1870年,美国贸易金额在世界中的占比只有8%,1913年其份额上升到11%。[2] 在第一次世界大战中,美国积极向欧洲交战国出口商品,长期、惨烈的战争使得欧洲交战国对于战争物资的需求日益增加,美国向欧洲交战国出口的商品规模随之扩

---

[1] 曹龙骐,陈红泉,李艳丰,等. 人民币国际化路径研究 [M]. 北京:中国金融出版社,2014.

[2] Menzie Chinn, Jeffrey Frankel. Will the Euro Eventually Surpass the Dollar as Leading International Reserve Currency? [Z]. NBER Working Paper, No. 11510, 2005.

大。到了 1915 年，美国贸易出口额居世界第一位，① 美元成为主要国际计价、结算货币。

德国马克国际化得益于联邦德国对外贸易地位的上升。从 20 世纪 80 年代开始，由于联邦德国制造业的竞争优势，所以联邦德国对外贸易在世界贸易中的地位上升明显。1980～1988 年，联邦德国出口额占世界市场份额由 9.9% 上升到 11.6%，9 年内增加了 1.7 个百分点。联邦德国出口份额的提高助推了德国马克国际化。1980～1987 年，在联邦德国的出口贸易计价中，德国马克占比在 79.4%～82.5% 波动，在进口贸易计价方面，德国马克占比从 43% 上升到 52.6%，② 德国马克成为当时世界上第二大国际贸易计价货币。

日元国际化与日本对外贸易地位迅速提升密切相关。第二次世界大战结束后，日本经济从 1955 年开始实现了长达 18 年的高速增长，年均实际增长率高达 9.3%。1968 年，日本成为仅次于美国的全球第二大经济强国。在经济实力不断增强的同时，日本的贸易顺差进一步扩大，最终成为全球最大的贸易顺差国。庞大的贸易顺差导致日元面临巨大的升值压力，促使其成为硬通货。在日本综合国力上升和日元升值预期的影响下，日元逐渐开始在国际贸易领域承担计价、结算的职能。1970 年在日本的进口额、出口额中按日元结算的比重分别为 0.3% 和 0.9%，到了 1980 年比重分别提高到 2.4% 和 29.4%。③

2.1.1.2　货币国际化中功能转变的中级阶段是成为投资货币

一国货币在国际贸易领域中具备计价、结算功能后，就会利用对外贸

---

① Menzie Chinn, Jeffrey Frankel. Will the Euro Eventually Surpass the Dollar as Leading International Reserve Currency? [Z]. NBER Working Paper, No. 11510, 2005.
②③ 曹龙骐，陈红泉，李艳丰，等. 人民币国际化路径研究 [M]. 北京：中国金融出版社，2014.

易中积累的大量资本投资海外，推动本国货币在国际金融市场和投资领域中被大量使用，最终使得该国货币成为国际投资货币。英镑、美元、德国马克、日元等货币，在国际化进程中都经历过上述阶段。

英国大规模的海外投资助推了英镑的国际化。1850年，英国海外净资产占国家净财富存量的7%，1870年该比重上升至14%，1913年该比重进一步上升到32%，对外投资占国民收入和储蓄的比重已经达到非常高的水平。① 1913年英国对外投资总额为195亿美元，位居全球之首；而当时法、德、美三国对外投资之和仅为178亿美元。② 1914年，英国海外投资总额占西方国家海外投资总额的41.8%。③

美元国际化的加速离不开美国的资本输出。美国凭借贸易顺差积累的资本，积极开展海外投资，促进美元成为国际投资货币。第一次世界大战后，美国迅速超越英国。1919年，美国海外净资产总额为125.62亿美元，成为世界最大的对外投资国。到了1928年，美国向海外借款人发行证券的数量进入高峰期。1941~1946年，美国向同盟国提供大约380亿美元的信贷支持，超过了"一战"时期信贷额的3倍。④ 在金融市场的发展方面，到第二次世界大战结束时，纽约奠定了作为国际金融中心的领先地位，为美元成为全球重要的投资货币打下了坚实的基础。

德国马克国际化得到联邦德国资本输出的有力支持。联邦德国于1952

---

① Floud R., McCloskey D. N. The Economic History of Britain Since 1700: Volume 2, 1860–1939 [M]. Cambridge: Cambridge University Press, 2014.
② 金德尔伯格. 西欧金融史 [M]. 徐子健，何建雄，朱忠，译. 北京：中国金融出版社，2010.
③ 曹龙骐，陈红泉，李艳丰，等. 人民币国际化路径研究 [M]. 北京：中国金融出版社，2014.
④ 斯坦利·L. 恩格尔曼，罗伯特·E. 高尔曼. 剑桥美国经济史（第二卷）[M]. 高德步，王钰，译. 北京：中国人民大学出版社，2008.

年以个案的形式首次批准本国居民对海外进行直接投资,1956 年开始放松本国居民对海外市场进行证券投资,1957 年则进一步放宽非居民国内投资的清算和资金汇出限制。经过一系列的努力,联邦德国于 1958 年实现了在经常项目下可兑换,1984 年实现了资本项目可自由兑换。① 随着德国资本大量的对外输出,德国马克逐渐成为国际金融领域重要的投资货币。20 世纪 80 年代初,德国马克在欧洲债券发行中所占份额为 6.15%;20 世纪 80 年代末该份额提高到 9%。1983 年德国马克在欧洲货币存款中所占份额为 7%,1990 年该份额提高到 12%。②

日本的海外投资促进了日元国际化的进一步发展。从 1972 年开始,日本国内资本积累出现过剩,再加上日元升值促使生产成本提高、贸易顺差扩大导致贸易摩擦加剧,迫使日本企业增加对外投资。20 世纪 70~80 年代,日本对东亚地区新兴工业化经济体和东盟国家直接投资不断增加,建立了以自己为核心的"东亚雁行国际分工体系",使东亚和东南亚地区成为日本全球供应链体系中的重要生产基地。此外,这段时期内日本官方援助、市场贷款、出口信贷以及以日元标价的各种债券的规模显著增加,使得日元成为当时重要的国际投资货币之一。

2.1.1.3 货币国际化中功能转变的高级阶段是成为国际储备货币

一国货币在成为计价、结算和投资货币后,就会凭借自身形成的国际影响力,向国际储备货币功能转变,这也是一国货币国内功能向国际功能拓展的高级目标。虽然英镑、美元、德国马克、日元等货币的国际化进程各有特色,但是它们最终发展的聚焦点都是要成为国际储备货币。

---

① 王信. 西德马克可兑换和国际化历程及其启示 [J]. 中国金融, 2009 (16):16-18.
② 刘谊. 国际货币体系非主流货币国际化对人民币国际化的启示 [J]. 经济研究参考, 2010 (22):10-16.

英镑依靠英国的贸易霸权和殖民扩张等逐步发展成为国际储备货币。英国国会于1816年通过了《金本位制度法案》，以法律形式明确承认黄金作为货币本位来发行纸币。金本位制、自由贸易政策、强大的经济实力以及通过殖民扩张确立的海上霸权，为英镑成为国际储备货币打下了坚实的基础。英镑成为当时世界上唯一能够与黄金地位等同的货币，在国际范围内成为黄金的替代物，所以，此时的国际金本位制度演变为"黄金—英镑"本位制。

美元依托经济霸权地位发展成为国际储备货币。"二战"后，美国的经济实力在全世界占绝对优势，成为资本主义世界当之无愧的盟主。当时，美国占有资本主义世界工业生产量的2/3，外贸出口总额的1/3，黄金储备的3/4。[①] 依靠美国经济霸权地位，美元成为全球独一无二的国际储备货币。从1947年开始，美国通过"马歇尔计划"向西欧提供美元信贷支持，帮助其实现国家重建。这就使得美元被广泛地使用和接受，进一步巩固了美元的国际霸权地位。

德国马克借助货币联动机制成为国际储备货币。德国曾经历过恶性通货膨胀，因此对低通胀的经济环境有着强烈的偏好。自1975年以来，德国的货币政策一直以"保持货币中长期价值稳定倾向"为目标，向国内市场提供了可信、低通胀的市场预期，为德国马克赢得了良好的货币信誉。20世纪80年代，在欧洲国币体系中，欧洲其他国家都将本国货币盯住德国马克，甚至在货币政策上与德国保持一致。德国马克被越来越多的国家接受，1977年，其在全球官方外汇储备中的占比为9.3%，1992年该比重进一步

---

① 曹龙骐，陈红泉，李艳丰，等. 人民币国际化路径研究［M］. 北京：中国金融出版社，2014.

上升至14%。①

日元依靠日本贸易和投资大国地位成为国际储备货币。从20世纪80年代开始，日元在国际化过程中，借助日本的贸易基础，不断深化国内金融市场和资本账户开放，逐渐发展成为国际储备货币。1992年，日元在全球外汇储备中的占比达7.4%。②但是，随着日本经济和贸易实力的下降，日元在全球官方储备货币占比明显下降。2015年，日元在全球外汇储备中的占比为2.5%，比1992年下降了4.9个百分点。

2.1.2 人民币国际化中货币功能转变的困扰

货币国际化的经验告诉我们，一国货币国际化功能转变通常是从贸易领域开始的，进而拓展到投资和国际储备领域。贸易发展情况对一国货币国际化功能转变具有重要的作用。但是，"贸易逆差悖论"却为上述货币功能转变带来困扰。一些研究者根据"特里芬悖论"推导出一国货币国际化会出现"贸易逆差悖论"的结论。他们认为，一个国家货币国际化过程必然伴随着该国经常项目的巨大逆差，以此形成庞大的对外净负债，从而实现本国货币的对外输出。在现实中，佐证上述悖论的最典型例子就是美元国际化。在布雷顿森林体系下，美国通过庞大的贸易逆差，形成巨额的对外净负债，从而实现美元的对外输出，维持美元的霸权地位。

随着人民币国际化的加快推进，一些研究者基于"特里芬悖论"，得出人民币国际化也必然会出现"中国贸易逆差悖论"的结论。他们认为，对

---

① 刘谊. 国际货币体系非主流货币国际化对人民币国际化的启示 [J]. 经济研究参考，2010 (22)：10-16.

② 曹龙骐，陈红泉，李艳丰，等. 人民币国际化路径研究 [M]. 北京：中国金融出版社，2014.

外贸易在促进人民币国际化过程中会陷入两难境地,即在短期内面临贸易顺差阻碍人民币输出的制约,在长期内面临贸易逆差导致货币贬值的制约。事实上,这种货币国际化过程中出现的"贸易逆差悖论"是有其特定的时代背景的,只有在特定条件下上述悖论才会出现。它所依赖的两个假设条件主要包括:

假设条件一:一国所实施的汇率制度是固定汇率制。在固定汇率制下,为了维护汇率稳定和确保对外贸易不受制约,一国必须要有一定规模的外汇储备作为保障。但是,世界上绝大多数国家采用浮动汇率制,对外汇市场频繁干预的现象逐步减少。对于汇率弹性较大的国家,其国际收支不平衡可以通过汇率变动来调节,而不再单纯依靠外汇储备来调节国际收支。因此,对外贸易增长与外汇储备规模扩张之间并不存在必然的稳定关系。

假设条件二:本币对外输出主要依靠贸易渠道。在布雷顿森林体系下,美元国际化主要依靠贸易渠道实现本币对外输出。例如,20世纪60年代,美国向国外支付美元以进口商品和服务,或者向非居民发行债券来筹集资金用于购买进口的商品和服务,因此美国向国外输出美元和对外负债额之间是高度相关的。但是,随着布雷顿森林体系瓦解,在目前国际金融市场中,美元离岸市场可以通过境外美元借贷等方式派生出大量的美元。美国对外直接输出多少美元与国际金融市场中美元数量的关系越来越不确定,美元在国际金融市场中流动性的增加不再必然要求美国通过增加贸易逆差来实现。

综上所述,货币国际化的"贸易逆差悖论"是具有时代特征的,主要出现在布雷顿森林体系下的美国。随着中国汇率形成机制市场化改革的不断推进,人民币汇率形成机制转变为参考一篮子货币的有管理的浮动汇率制度,汇率波动范围扩大,汇率弹性随之进一步增强。同时,人民币离岸市场建设也已经取得了积极进展，逐步建立了以香港、新加坡、伦敦等为重要节点的人民币离岸市场体系。人民币对外输出除了依靠贸易渠道外，还可以通过对外直接投资、跨境贷款、非居民在资本项下用外币兑换人民币、本国居民在境外购买人民币证券等渠道。因此，在人民币国际化进程中可以避免出现"贸易逆差悖论"的现象。

2.1.3 货币功能视角下人民币国际化路径选择

人民币国际化进程中货币功能的顺利转变，需要中国与世界各国在贸易、金融领域加强联系，为扩大人民币使用创造条件。为此，中国应着力提升国际贸易的竞争力，扩大人民币在贸易领域的使用；以债券市场为重要突破口，扩大金融市场对外开放，促进人民币在国际金融领域使用。

2.1.3.1 以提升对外贸易竞争力为重要抓手，进一步推动人民币成为国际计价、结算货币

跨境贸易人民币计价和结算是人民币国际化的重要基础。人民币作为贸易计价货币，受汇率预期短期变动的影响相对较小，这说明在人民币汇率双向波动的背景下，跨境贸易人民币计价和结算仍然是有拓展空间的。外贸竞争力是跨境贸易人民币结算、计价的决定性因素。当前，"中国制造"正受到发达国家推行"再工业化""工业4.0"和其他发展中国家低成本竞争的挑战，对外贸易的传统竞争优势正在弱化，而新的竞争优势尚未完全形成。为此，要把巩固传统优势和培育新优势结合起来，大力提升对外贸易竞争力，夯实跨境贸易人民币计价、结算的基础。一是以培育贸易竞争新优势为动力，促进跨境贸易人民币计价、结算。结合"创新驱动发展"等战略的实施，加快从"中国制造"向"中国创造"转变，从过去依

靠规模化生产、低价格竞争，向创新技术、智能生产、个性营销、打造品牌转变，形成新的贸易竞争优势。二是以境外项目人民币投资为把手，带动跨境贸易人民币计价和结算。依托我国在高铁、通信等领域的比较优势，推动能源、交通、电信等项目对外投资和相关装备、技术、产品出口以人民币计价和结算，以此形成对外投资和出口贸易人民币"走出去""流回来"。三是以跨境电商和金融服务平台建设为基础，拓展跨境贸易人民币计价、结算。发挥中国跨境电商的创新能力和发展水平均走在世界前列的有利条件，支持电子商务企业与金融机构合作打造跨境电商和金融服务平台，将跨境人民币资金结算、贸易融资、保险等金融服务嵌入其中，依托跨境电商的网络优势，扩大人民币在全球的使用。

2.1.3.2 以扩大债券市场对外开放作为突破口，推动人民币成为国际投资、储备货币

人民币要成为国际储备货币，必须以加快人民币债券市场开放为前提。目前，中国债券市场开放程度还比较低，与人民币国际化的要求不相适应。为此，要加快债券市场的开放步伐，满足境外机构特别是境外中央银行对储备资产流动性、安全性和收益性的需求。一是扩大人民币债券境外发行主体。支持外国政府、金融机构在中国境内发行人民币"熊猫债"，所募集资金可在境内外自行调配使用。发挥自由贸易试验区先行先试的作用，推动区内企业的境外母公司在境内发行人民币债券，为境外非金融企业在境内发债融资探索可复制、可推广的经验。二是鼓励境外机构投资人民币债券市场。完善与债券市场对外开放相配套的税收政策，对境外主体投资境内债券市场所取得的资本利得以及利息收入提供优惠的税收安排，提高人民币债券市场投资的吸引力。扩大政府相关部门、政策性金融机构等发债主体在离岸市场发行人民币债券的规模，并鼓励境外中央银行参与投资，

使人民币债券资产成为境外官方储备。三是提升人民币债券在离岸市场的流动性。鼓励境外中央银行以人民币国债、金融债作为合格担保品,向境外银行体系提供流动性,满足离岸市场对人民币流动性的需求。

2.2 登高望远:空间视角下人民币国际化路径

从空间维度来看,欧元、德国马克、日元等货币国际化路径具有时代烙印。由于现有国际货币对人民币国际化的抑制作用,以及美国、日本等西方国家对中国崛起的阻挠,人民币国际化空间范围的突破要有战略高度,以加强与世界各国经贸合作关系为重点,积极编织扩大人民币国际使用的全球网络,通过多点协调推进,实现人民币周边化、区域化、国际化的良性互动,走出具有中国特色的人民币国际化空间拓展之路。

2.2.1 货币国际化进程中空间拓展的关键:区域货币合作

从空间拓展的角度来看,在美元仍居主导地位的现行国际货币体系下,仅靠一国之力难以突破现行体制的束缚,实现本国货币的国际化,加强区域货币合作是突破美元壁垒、实现货币国际化的有效手段。在欧元和德国马克国际化进程中,区域货币合作起到了较好的促进作用。在日元国际化进程中,缺少区域货币合作精神成为日元国际化表现不佳的重要原因之一。

2.2.1.1 良好的区域货币合作为德国马克国际化增砖添瓦

与美国相比,欧洲国家在贸易领域更加开放,小国林立,其对汇率变化更为敏感,客观需要创造一个制度框架以稳定相互间的汇率,所以有较强的货币合作需求。1979年3月,欧洲货币体系正式建立,其他成员国的货币与德国马克实现挂钩。欧洲货币体系中其他国家通过盯住德国马克,将它们的货币政策与德国中央银行捆绑起来,并且借用德国中央银行反通胀的部分做法,以确保本国通胀率保持在较低水平。德国马克成为这些国家事实上的"名义锚"。因此,也有人将欧洲货币体系描述成马克区。良好的货币合作加快了德国马克的国际化进程。1983年,德国马克在欧洲各国货币存款中的份额为7%,1990年该份额上升到12%。①

2.2.1.2 高效的区域货币合作使欧元成为世界第二大货币

欧元建立在欧洲经济贸易一体化和货币一体化的基础上,其诞生是国家间货币合作的一个创举,第一次真正实现了国别货币向单一货币的统一。1991年,《欧洲联盟条约》诞生,推动欧洲货币体系下固定汇率制向经济货币联盟过渡。经济联盟将单一市场的理念进一步推进到包括商品与服务、资本市场和劳动力市场;货币联盟计划在整个欧盟内使用一种新的货币即欧元。1999年1月1日,欧盟15个成员国中的11个成员国达到了《欧洲联盟条约》四项统一标准,欧元成为这11国的单一货币,欧央行成为欧元区的中央银行。随着欧元的诞生,其在世界储备货币中所占份额在十年时间内快速上升。1999年欧元在世界储备货币中的份额为17.9%,2009年该比重上升至27.8%,成为世界第二大货币。② 而美元在世界储备货币中所占份额在十年时间内显著下降。1999年美元在世界储备货币中的份额为

---

①② 数据来源于国际货币基金组织网站。

71.0%，2009年下降至62.2%。① 但是，欧元区因其统一的货币政策与相对独立的财政政策之间存在冲突，对区域货币合作以及欧元的发展前景存在争议。2008年全球金融危机后，欧元区成员国的经济发展与财政盈余（赤字）之间不平衡的矛盾集中爆发，欧元这块货币区域化"试验田"仍需时间和实践去检验。

2.2.1.3 缺少区域货币合作精神导致日元国际化表现不佳

日本政府在推进日元国际化过程中缺少区域货币合作意识。1999年，欧元正式推出并进入市场流通，日本政府才开始认识到区域货币合作对于推动货币国际化的重要性。为此，日本政府提出了设立亚洲货币基金组织的构想。但是，由于美国对日本政府进行施压，亚洲货币基金组织最终未能实现。随后，日本提出了"新宫泽构想"，主要偏向于通过强化日元的单边输出，突出日元在亚洲地区作为"大国货币"的作用，以此挤压亚洲其他国家货币在本地区的影响力，与亚洲其他国家开展货币合作之路背道而驰。这就使得日元在国际金融市场中的影响力下降。2000年，日元在全球外汇交易市场中的份额为22.7%，到2010年日元占比为19%，下降了3.7个百分点。② 2001~2005年日元在国际债务市场中的份额均值为4.3%，2006~2010年该数值市场份额均值下降至2.8%，下降了1.5个百分点。③

2.2.2 人民币国际化进程中空间拓展的挑战

目前，人民币在俄罗斯、韩国、越南、中国香港和中国台湾等周边国家和地区中广泛使用，认同度比较高。虽然人民币周边化进程取得了较大

---

① 数据来源于国际货币基金组织网站。
②③ 数据来源于国际清算银行网站。

的进展,但是,在推进人民币周边化乃至区域化过程中,我国所面临的挑战要比欧元、德国马克更多、更复杂,主要包括以下两个方面:

2.2.2.1 中日韩自贸区谈判进展缓慢,影响人民币周边化

2015年,中国、日本、韩国人口总数约占世界的20%,经济总量约占世界的22%,外汇储备总额约占世界的47%,对外贸易总额和对外投资总额分别约占世界的20%。① 如果中国、日本、韩国能够建立自由贸易区,将成为推进人民币周边化的重要载体。但是,一系列政治因素是建立中日韩自贸区的主要障碍。中国、日本、韩国在历史问题和领土问题上的矛盾导致中日韩自贸区谈判踟蹰不前,影响人民币周边化的推进。美国"重返亚太战略"的实施,进一步加剧了中国、日本、韩国之间的矛盾。

2.2.2.2 美元霸权地位制约人民币全球化布局

目前,美元在全球经济金融领域占据着霸权地位。截至2016年7月末,环球同业银行金融电讯协会(SWIFT)数据显示,美元在全球支付货币中占比为41.7%,居第一位。截至2016年4月末,美元在全球外汇市场成交量中占比达87.6%,居第一位。截至2016年3月末,美元在全球外汇储备中的占比为63.6%,居第一位。② 美元霸权地位使得世界其他国家在使用美元时具有更强的惯性、更好的便利性。在现行国际货币体系秩序没有改变的情况下,世界其他国家中的各类经济主体在国际经济金融领域难以放弃使用美元而主动接受人民币。

---

① 中日韩自贸区:盘居亚洲经济的大棋局 [EB/OL]. 环球网, http://world.huanqiu.com/hot/2015-11/8076985.html, 2015-11-30.

② 数据来源于国际货币基金组织网站。

2.2.3 空间视角下人民币国际化路径选择

从空间角度来看,人民币国际化可以分为周边化、区域化、国际化三个阶段。它们既非相互独立,也非存在时间先后性,往往交织前行。例如,推动跨境人民币业务在周边国家使用的同时,也可以与更广范围的国家加强跨境人民币业务合作,推进人民币区域化。在人民币国际化的进程中,每一个阶段都是错综复杂、互相渗透的,因而各个阶段的路径之间没有绝对的分离,也没有绝对的从属关系。

2.2.3.1 以贸易合作为重点,巩固人民币在周边国家中的地位

目前,人民币周边化主要依靠边境贸易、出入境旅游等方式带动。为了进一步促进人民币周边化,需要加快推进中国—东盟自由贸易区升级版以及与其他周边国家自由贸易区的谈判,为中国与周边国家对外贸易合作注入新的活力。以强化对外贸易的纽带关系为重点,加强中国与周边国家在跨境人民币业务方面的合作与创新,实现人民币在周边国家和地区扩大使用的空间和领域。

2.2.3.2 把握"一带一路"倡议实施契机,推动人民币成为区域内的关键货币

"一带一路"倡议的实施,有助于中国的一些优质过剩产业转移到其他一些国家和地区,有助于我国与沿线国家和地区在区域发展模式、区域产业战略选择、区域经济技术路径等方面加强合作。推动人民币区域化,需要积极落实"一带一路"倡议,充分发挥亚洲基础设施投资银行、丝路基金等平台的作用,深化与"一带一路"沿线国家和地区在贸易与投资方面的合作,扩大人民币在亚洲以及"一带一路"沿线区域的使用;积

极与亚洲各国签订自由贸易协定，依托贸易关系加强与亚洲国家货币合作，增强人民币在亚洲国家的吸引力，推动亚洲国家逐步减少对美元的依赖；要加强与人民币区域化相关的配套金融基础设施建设，积极推进资本账户可兑换改革，为扩大人民币在亚洲区域内投资和金融领域的使用提供便利。

2.2.3.3 以完善金融市场体系为重点，积极布局人民币全球化

人民币国际化离不开较为成熟的金融市场体系作为支撑。要抓住当前全球金融体系战略性调整的有利时机，稳步推动国内金融领域改革开放，大力发展人民币离岸市场，积极完善人民币跨境支付系统，加快推进上海国际金融中心的建设；要不断完善金融监管的法律法规制度，继续改进金融监管的各项标准，建立健全与金融市场创新发展要求相符的金融风险防范体系，为金融市场高效运行提供较为完善的制度保障。

2.3 收放自如：动力视角下人民币国际化路径

从动力视角来看，只有建立高效、稳定的动力机制，使其产生源源不断的国际化推动力，一国货币的国际化之路才能走得更远。

在推进人民币国际化进程中，要充分发挥市场在资源配置中的决定性作用和更好地发挥政府的引导作用，积极调动和整合各方力量，加强人民币跨境资金流动循环体系建设，进一步完善人民币国际化的动力机制。

2.3.1 货币国际化的重要动力源：跨境资金流动循环体系

货币国际化需要跨境资金流动循环体系的支持。例如，美元国际化离不开欧洲美元市场和美国境内的国际银行业设施（IBF）的支持，而日元国际化则离不开伦敦、新加坡等离岸金融中心和境内东京离岸金融市场（JOM）的支持。其中，在货币国际化进程中，美元跨境资金流动循环体系建设及时有效，有力地推动美元国际化；在日元国际化进程中，跨境资金流动循环体系建设相对迟缓，使得日元国际化进程比较曲折。

2.3.1.1 适时发展跨境资金流动循环体系是美元顺利实现国际化的重要保障

美联储的成立为美元跨境资金流动循环体系建设创造了条件。在第一次世界大战期间，美国通过与欧洲交战国开展贸易往来，出口规模不断扩大。1912年，美国成为世界上最主要的贸易大国。1913年，美国通过了美联储法案，创立了美国中央银行。该法案放开了美国银行业机构在海外开设分行的限制，从而为美元依托贸易网络，扩大在境外市场的流通提供了便利；允许美联储通过折价购买银行承兑汇票来调整利率波动和改善宏观信贷状况，支持美联储开展银行承兑汇票交易，从而为美国发展银行承兑汇票市场打下基础。

放松美国境外银行分支机构的监管要求有效促进了美元跨境资金流动。美联储关于美国银行机构在欧洲经营的D法案规定，美国境外银行分支机构不受美国监管要求的约束，这减少了其为适应监管要求而需要花费的支出。经营成本的降低使得美国银行业的欧洲分支机构可以忍受更小的存贷款利差，向客户提供更高的存款利率，从而进一步提升美国银行业海外分支机构的竞争力。在上述政策的影响下，大量美元资金从美国本土涌入欧洲，使得欧洲美元市场的流动性得到改善，为欧洲美元市场发展壮大打下了坚实的基础。

加强对海外存款人的保护是美国促进跨境资金流动的另一项重要举措。根据D法案的规定，如果海外存款人因美国银行业海外分支机构破产或者违约受到损失，他可以向该银行机构在美国的母公司进行追偿。这项政策的出台使得外国投资者更加青睐欧洲美元市场。与此同时，美联储还连续出台了针对境外美元债券市场的一系列刺激政策，放松了对美国金融机构在海外发行以美元计价债券的管制，对美元海外债券市场的发展起到了重要的助推作用。

总之，上述这些政策措施为美元跨境资金流动循环体系提供了制度保障。在这些制度影响下，美元跨境资金流动循环体系得以建立和完善，从而为美元国际化提供了动力基础。

2.3.1.2 未及时发展跨境资金流动循环体系是日元国际化表现不佳的原因之一

第一，日元跨境资金流动机制建设比较迟缓，影响了日元国际化进程。20世纪80年代初，日本资本项目开放进程比较缓慢。从日本与欧美发达国家的经济金融发展过程比较来看，日本资本项目开放和国内金融市场化改革进程都相对滞后，日元资金跨国流动机制建设比较迟缓，在客观上减缓了日元国际化的步伐。

第二，东京国际金融中心未能发挥跨境资金循环枢纽的作用。长期以来，东京国际金融中心主要依靠美元交易获得发展机会，对于日元国际化缺乏有效支撑。在东京金融市场中发行的日本国债，主要依靠日本公共部门持有，导致市场流动性较低。在日元国际化过程中，国际金融中心建设跟不上日元国际化步伐。

第三，日元在岸离岸金融市场未能有效打通。20世纪80年代初，日本金融市场化和资本市场开放的步伐开始加快，吸引了大量国际短期资金流入国内，但吸引长期资金流入的规模有限，不利于日本经济的稳定发展，在一定程度上削弱了日元国际化的经济基础。在离岸金融方面，日本政府积极支持欧洲日元债券市场和欧洲日元贷款市场的发展，导致日元资产市场迅速膨胀，加剧了日本经济泡沫，没有对日元国际化起到相应的支撑作用。在国内金融市场建设方面，金融机构对日元金融产品创新的动力不强，票据、债券、外汇等市场流动性不足，限制了日元资金的境内外流动，对日元国际化造成了一定程度的阻碍。

2.3.2 人民币国际化离不开动力机制的建设

一国货币要想最终成为主要的国际货币，必须构建较为健全的动力机制，其中发展跨境资金流动循环体系是核心。为此，人民币要成为主要的国际货币，需要发展和完善人民币全球交易网络，积极打造人民币跨境资金流动循环体系。

第一，满足境外金融市场主体对人民币流动性的需求。一国货币要成为主要国际货币，承担国际贸易、投资和金融领域的计价、结算、投资、储备等功能，需要能够为境外市场主体提供方便、安全、低成本的本币与外币之间的兑换、结算、支付、融资等综合金融服务。这就要求人民币能够实现不间断交易，在各个时区的客户都能够在本时区工作时间内对人民币进行方便、快捷、低成本的交易。只有通过发展人民币跨境资金流动循环体系才能有效实现上述目标。

第二,满足非居民在中国境外持有人民币资产的需求。当人民币成为主要国际投资、储备货币时,投资者出于对税收等制度的考虑,会对人民币资产产生较大的投资和交易需求。而上述这些需求一般都是通过境外人民币离岸市场才能得到满足。以美元为例,大约70%的非美国居民所持有的美元资产配置在美元离岸市场。

第三,减少人民币国际化对国内货币政策的冲击。当人民币成为主要的国际货币时,如果没有较为发达的人民币离岸市场作为支撑,就会面临大规模跨境资金流动的冲击,从而加剧汇率、利率的波动,影响国内经济金融的稳定。对中国而言,发展人民币离岸市场可以让境外市场主体对人民币资产的供求在该市场中实现大部分的自动对冲,从而减少对境内货币政策的冲击,为人民币国际化提供良好的货币政策环境。

总之,不断加强人民币跨境资金流动循环体系建设,积极构建较为完善的人民币国际化动力机制,有助于加快人民币国际化步伐,提高人民币在国际货币体系中的地位。

2.3.3 动力视角下人民币国际化路径选择

从动力视角来看,加快推进人民币国际化,就是要积极打造人民币全球交易网络,加强境外人民币"回流机制"和"体外循环"建设,不断完善人民币国际化的动力机制。

2.3.3.1 积极打造人民币全球交易网络,为完善人民币国际化动力机制打好基础

一是推进香港人民币离岸市场成为人民币跨境资金流动的"心脏"。向

境外人民币持有者提供有效的投资渠道，才可以为人民币国际化提供充足动力。而香港作为全球最大的离岸人民币中心，在人民币跨境资金流动中势必起着关键作用，为人民币跨境资金流动提供持续不断的核心动力。二是推动伦敦、新加坡、巴黎、法兰克福等人民币离岸中心成为人民币跨境资金流动的"主动脉"。伦敦、新加坡、巴黎、法兰克福在全球金融领域占据着重要的地位，充分发挥这些金融市场的作用，可以为扩大人民币在境外金融市场使用、便利境外投资者使用人民币提供有效支撑，为人民币跨境资金流动提供重要动力。三是培育非洲、拉丁美洲地区符合条件的城市发展人民币离岸中心，使其成为人民币跨境资金流动的"毛细血管"。虽然非洲、拉丁美洲地区在全球金融市场中的地位不高，但是中国与非洲、拉丁美洲地区的经济贸易关系比较密切，在这些地区积极培育人民币离岸市场，可以为人民币跨境资金流动提供辅助动力。

2.3.3.2 建立健全人民币"回流机制"，进一步拓展人民币国际化的动力源泉

要扩大中资企业在香港金融市场融得的人民币资金回流内地和人民币合格境外投资者（RQFII）等额度，建立健全离岸、在岸人民币汇率溢价的动态调整机制，加强和完善人民币离岸市场的汇率预期管理，放宽对香港本地银行机构在人民币净头寸方面的限制，增强境外市场主体使用人民币进行贸易、投资结算的信心，推动内地与香港金融市场的融合。要依托自由贸易试验区等重要平台，积极推进资本项目开放试点。要继续扩大债券市场双向开放，支持符合条件的境外投资机构在境内债券市场开展交易。要继续完善"沪港通""深港通"机制，适时启动"沪伦通"等资本市场开放机制，进一步畅通人民币回流内地的渠道。在此基础上，进一步加快我国金融市场双向开放，不断丰富金融市场参与主体，加快金融产品和服

务创新，强化金融风险防控体系建设，为建立和完善人民币国际化动力机制提供切入点。

2.3.3.3 加强离岸市场人民币"体外循环"网络建设，为建立和完善人民币国际化动力机制提供保障

只有"回流机制"的人民币离岸市场，容易带来境外金融市场人民币流动性不足、对境内货币政策冲击较大等一系列问题。为此，应借鉴美元、欧元等货币国际化经验，通过推动人民币在大宗商品领域计价、开展人民币海外投资、创新境外人民币产品等方式加快建立境外人民币的"体外循环"体系。加快建立"体外循环"体系培育境外市场对人民币的需求，特别是"第三方使用"带来的交易性需求，实现境外人民币供求在境外人民币离岸市场的自动对冲；要促进人民币金融衍生产品的开发和创新，增强人民币离岸市场利率、汇率的价格发现功能；支持在人民币离岸市场中进一步发展债券回购业务以及期货、期权等金融衍生品交易业务，提高人民币离岸市场的流动性，提升市场参与各方开展人民币金融产品交易的活跃度，为完善人民币国际化动力机制创造条件。

2.3.3.4 依托境内人民币离岸市场促进在岸、离岸金融市场连通，为人民币国际化提供重要的动力补充

中国应借鉴美元和日元国际化的经验，建立以上海为中心的境内人民币离岸市场，服务中资背景的非居民从事海外贸易、投资等业务，便利企业在海外扩大人民币的使用。具体而言，在中国香港、新加坡等境外人民币离岸市场发展的基础上，在能够有效管控风险的前提下，根据市场对境内人民币离岸市场的需求，顺势发展以上海为中心的境内人民币离岸市场。在短期内，要综合考虑中国香港等境外人民币离岸市场中人民币金融产品和服务的创新发展情况，依托上海自由贸易试验区平台，稳步推进人民币

资本项目可兑换改革试点,逐步扩大境外投资者在境内投资人民币金融产品的范围;要积极探索与离岸金融市场发展相适应的金融管理、税收政策等方面的创新,为上海建立境内人民币离岸中心打好基础。通过积极发展以上海为中心的境内人民币离岸市场,打通在岸、离岸金融市场,促进人民币资金在岸与离岸之间的循环流通,进一步完善人民币国际化动力机制。

第❸章
人民币国际化对我国货币政策的影响

3.1 溢出与回溢：对货币政策的再认识

3.1.1 格林斯潘利率之谜

说起"格林斯潘之谜"，需要回顾美联储的加息周期。20 世纪 80 年代中期以来，美联储先后经历了五轮加息周期，分别是：1988~1989 年加息周期、1994~1995 年加息周期、1999~2000 年加息周期、2004~2006 年加息周期和 2015 年开始的加息周期。其中，2004 年 6 月至 2006 年 6 月的加息周期最耐人回味。2003 年下半年，美国经济强劲复苏，经济快速增长带动通货膨胀预期。2004 年 6 月 30 日，美联储将联邦基金利率调高了 25 个基点，从此开启了一轮为期 3 年的加息周期。每次加息 25 个基点，连续进行了 17 次加息，联邦基金利率上调至 5.25%。

通常而言，长期国债利率等于短期国债利率平均值加上流动性溢价，短期利率上升会带动长期利率上升。但这个周期中，却出现了短期利率上升、长期无风险利率下降的现象，这被称为"格林斯潘利率之谜"。"格林斯潘利率之谜"的谜底在于这一时期美国长期国债需求大幅上升，新兴市场和发展中国家正是当时大举购买美国国债的重要力量。在此期间，新兴市场国际储备资产增加了 1.73 万亿美元，其中相当一部分外汇储备资产投向了美国国债。国际货币基金组织与美国财政部数据表明，期间国外增持美国国债 4331 亿美元，国外持有美国国债的市场占比上升了 5 个百分点。

美联储加息，抬高借贷成本时，资本可能会从新兴经济体流入美国，使他们投资和经济增速放缓，这是"溢出效应"。但新兴经济体流入美国的资本也可能会对美国金融市场产生影响，美国经济甚至还可能会因为新兴经济体增速放缓或违约而被拖累，这是从发达国家对新兴市场的溢出效应所反向产生的金融"回溢效应"。因此，"格林斯潘利率之谜"实质是新兴市场对美联储货币政策溢出的"回溢"，它一度改变了美元加息周期的传导路径。

3.1.2 货币政策溢出与回溢效应

近年来，国际货币发行国货币政策，尤其是关键国际货币发行国货币政策与新兴经济体之间的溢出、回溢效应愈加明显。在全球经济金融一体化的今天，美国货币政策调整对新兴市场的跨境资本流动和外汇储备变动产生较大影响，跨境资本流动冲击新兴市场的股市和汇市，而新兴市场的金融市场波动性也不断产生着回溢效应,而且这种效应在近年来愈加显著。例如,美联储加息,新兴市场汇率贬值、资本流出与外汇储备减少的结果,都可能引发美国国债中长期利率大幅波动,进而影响美国的经济和金融稳定。

2016年4月,国际货币基金组织发布的《全球金融稳定报告》指出,新兴市场的冲击对股票价格和汇率造成的溢出效应显著增加,目前对资产回报变化的作用超过1/3。这说明,经济金融一体化已不仅局限在经济规模和贸易一体化,货币政策施放者与接收者也在一体化发展,溢出与回溢效应相互交织、相互影响。从发达国家对新兴市场的溢出效应所反向产生的金融"回溢效应"正在凸显,这使国际宏观经济和宏观审慎政策合作变得越来越重要。发达经济体和新兴市场的政策制定者在评估国内宏观金融状况时,需要有国际视野,统筹考虑国内国际因素,考虑政策实施的溢出效应。主要经济体之间在制定货币政策时,加强沟通与协调有利于世界经济金融稳定。

3.2 人民币国际化对货币政策影响

随着人民币国际化程度进一步提高,中国央行货币政策的溢出效应和由此产生的回溢效应将明显增强。货币需求在本国基础上叠加了国外部分,需求函数将随之发生改变,促使货币政策的内生性增强。货币供给将更多地受国内、国外两个市场力量的影响,外生性减弱。同时,人民币国际化对我国货币政策的传导机制、工具使用、作用效果,以及货币政策独立性都将带来复杂影响,中国货币政策将会通过汇率、利率等渠道,对国外金融市场和实体变量产生更大影响,政策执行效果的不确定性增加。

3.2.1 人民币国际化对货币需求的影响

凯恩斯在其货币需求理论中提出,人们对货币需求的动机主要有三种:交易需求、预防需求和投机需求。交易需求和预防需求主要取决于收入水平,是收入的递增函数;投机性需求主要受利率水平影响,是利率的递减函数。

3.2.1.1 人民币国际化使得货币需求总量上升

人民币国际化后,货币需求总量中增加了国外市场部分。人民币国际化后货币需求函数可表示为:$M = M_d + M_f$。其中,M_d 代表国内需求部分,与利率反向变动;M_f 代表国外需求部分,主要受人民币预期收益率和汇率的影响,与利率呈正向变动关系。在叠加国内和国外市场后,人民币总需求将是两个市场力量共同作用的结果。

在人民币国际化初期,国外人民币市场规模较小,人民币总需求主要受国内市场主导,人民币的国外需求对国内货币政策影响不大。在人民币国际化高级阶段,国外市场规模超过了国内市场,人民币总需求主要受国外市场主导,人民币的国外需求对国内货币政策影响深远。央行需要同时考虑国内和国外市场对人民币的需求,以制定相适应的货币供给政策,这是对货币需求的最大影响。

3.2.1.2 人民币国际化可能导致货币替代现象发生,统计和预测难度增大

货币替代是指由于某种原因本币发生大幅贬值时,动摇了持有者对本

国货币的信心,从而大规模减少对本国货币需求的情况。人民币国际化后,随着资本自由流动开放,货币替代可能在国外、国内两个市场同时发生,当人民币升值或收益率较高时,国内居民会选择持有人民币;人民币贬值或收益率过低时,居民可部分选择配置其他货币。货币替代发生后,货币需求总量的预测和统计将变得更加复杂,这加大了央行货币供给决策的难度。

综上所述,人民币国际化进程将影响我国货币需求函数,中国人民银行对货币需求总量的预测和统计将变得更加困难,在国际化发展到一定阶段后,还可能面临货币替代问题,增加货币政策选择难度。

3.2.2 人民币国际化对货币供给的影响

根据经济学中货币供给内生性原理,货币需求决定货币供给。随着人民币国际化进程的推进,如前所述,将加大货币需求的预测难度,进而会影响央行对货币供给量的决策。

3.2.2.1 人民币国际化促使货币供给由外生性向内生性转变

货币供给内生性是指货币供给量由货币需求决定,是一种市场力量主导的方式;货币供给外生性则是指货币供给量由货币当局决定,是一种行政力量主导的方式。

人民币国际化和利率市场化之前,中国的货币供给具有明显的外生性特征。央行对货币供给量进行统筹调控,利率作为中介目标的作用不大,货币供给曲线斜率很高,几乎为一条垂直线。人民币国际化后,中国货币供给的内生性将会显著增强。一方面,境外离岸人民币市场的供给量几乎完全由需求决定,对利率变化高度敏感,随着人民币预期收益率上升而增加，下降而减少。另一方面，随着中国利率市场化改革深入推进，利率无论作为货币政策中间目标还是操作目标，其在国内货币政策传导中的作用在逐渐增强，货币供给量与利率表现出一定程度的反向关系。因此，随着人民币国际化和利率市场化的推进，中国货币供给的内生性将会逐渐增强。叠加国内国外两个市场后，货币供给函数向右上方还是右下方倾斜，取决于国内国外两个市场的规模以及对利率的敏感程度。

3.2.2.2 人民币国际化改变货币供给函数

由于中国资本账户尚未完全开放，国际资本进出流动仍处于部分受限状态，人民币国际化进程中就必然需要建设离岸市场。随着人民币国际化程度的加深，离岸市场规模也会越来越大，并对人民币的供给产生影响。由此，人民币供给将分为国内和国外市场两个部分。

人民币国际化之前，货币供给函数可表示为：$Ms = m \times B$；其中，m为国内基础货币，B为国内货币乘数。国内货币供给（存款创造过程）主要通过贷款派生存款的循环来实现，货币乘数B可表示为：$B = \dfrac{1}{1-(1-r)(1-c)}$，其中r为国内存款准备金率，指法定存款准备金率与超额准备金率之和；c为国内现金留存率。

人民币国际化后，货币供给函数可表示为：

$Ms = m \times B + m_1 \times B_1$

其中，m_1为离岸人民币市场基础货币，B_1为离岸人民币市场货币乘数。离岸市场的基础货币m_1受人民币预期收益影响，呈正相关。货币乘数影响因素包括法定准备金率、超额准备金率、现金留存率等，两个市场环境不同，通常$B_1 \neq B$。

与在岸市场相似，离岸人民币市场的货币供给过程也是通过贷款派生一系列存款实现。其货币乘数可表示为：

$$B_1 = \frac{1}{1-(1-r_1)(1-c_1)}$$

其中 r_1 为离岸市场存款准备金率，c_1 为离岸市场现金留存率。一方面，由于人民币离岸市场不存在法定存款准备金要求，存款准备金率主要取决于银行备付留存情况，通常比例低于国内市场，理论上具有无限的存款创造（货币供给）能力。另一方面，美元、欧元等国际货币市场经验表明，为了便于资金进出调度，离岸市场主体持有现金的比例通常明显高于在岸市场，这会降低存款创造能力，并使离岸市场的货币乘数表现不太稳定。

因此，人民币国际化后对于货币供给的影响因素也变得更加复杂，要同时兼顾人民币在岸市场和离岸市场的流动性。当需要调整国内货币供应时，不能简单依靠国内的货币乘数效应来管理，还需要考虑离岸市场人民币的流入或流出对国内货币供应的冲击。

3.2.2.3 人民币国际化使央行调节货币乘数变得复杂

影响货币乘数三大主要因素中，法定存款准备金率最为关键，也是货币当局唯一能够主动掌握的。下面重点以法定存款准备金率的调整为例，分析人民币国际化对央行调节货币乘数的影响。人民币离岸市场形成后，央行调整法定存款准备金率影响货币供给时，要同时考虑国内经济情况与国外人民币流出和回流情况。例如国内经济过热或通货膨胀率偏高，央行通过提高法定存款准备金率减少国内货币供给，货币供给量减少导致国内利率上升，将会引发一定程度的人民币资金回流，相当于抽离国外市场的人民币供给回补国内市场，削弱国内货币收缩效果，使得货币政策的实际成效难以达到预期目标。因此，随着人民币国际化程度的提高，央行做出存款准备金政策调整时，需要充分考虑可能引发人民币资金回流或流出情况，适当增大或减小调整幅度。

法定存款准备金率尚属于货币当局相对易于控制的变量，超额存款准备金率、现金留存率更多地取决于市场主体对宏观形势的判断，央行基本处于被动状态。叠加国外市场后，这些因素的变动将更加难以把握，从而使央行调节货币乘数变得极为复杂。

3.2.3 人民币国际化对货币政策传导机制的影响

我国货币政策的传导机制包括货币政策工具、操作目标、中介目标和最终目标四个基本要素。传导渠道大致可归为货币渠道和信贷渠道两大类，货币渠道又可分为利率渠道、汇率渠道和资产价格渠道三条路径。人民币国际化后，利率的市场化和汇率的浮动制将会造成货币政策的传导机制更加复杂和多样，并主要通过货币渠道发挥作用。

3.2.3.1 人民币国际化使利率传导机制的效果被削弱

在凯恩斯学派的货币政策传导机制中，利率是最为关键的因素。以扩张性货币政策为例，其传导过程可简要表示为：货币供应量上升→利率下降→投资、消费上升→支出增加→产出增加。当经济不景气时，货币当局可采取增加货币供应量的政策，在货币需求既定情况下，实际利率出现下降，刺激投资和消费意愿上升，并通过货币乘数作用最终导致国民收入增加。这是封闭经济环境下货币政策传导的理想状态，货币当局可以通过控制货币供应量实现影响经济的目的。目前我国金融市场不够发达，虽然利率已经初步实现市场化。但社会融资渠道较为单一，企业和个人主要依靠银行贷款融资，致使货币政策传导仍然较为依赖信贷传导机制。

在人民币国际化后，由于不同国家之间资本的自由流动，人民币的供给和需求将变得更加复杂，对利率的影响效果和方向都会发生一定程度的改变，最终削弱利率传导机制效果。以扩张性货币政策为例，假设央行为提振经济而增加货币供应，对应利率出现下降，在资本可自由流动条件下，逐利行为会促使资本外流，导致人民币存在贬值压力。为维持人民币币值稳定，央行不得不抛出外汇购买本币，这一行为又会导致货币供应量减少，进而出现利率走高，最终刺激投资和消费的效果减弱甚至失效。可见，人民币国际化后，扩张性货币政策使货币市场达到的均衡利率水平要高于国际化之前，甚至高于扩张政策实施前的利率水平。最终效果如何要看两方面作用的比较，但不确定性增大和效果的削弱是肯定的。

3.2.3.2 人民币国际化增强汇率传导机制的有效性

在资本自由流动条件下，一国可以通过调节货币政策操作目标，促使本国货币升值或贬值，最终实现影响国民收入的效果，即货币政策的汇率传导机制。例如，在实行紧缩性货币政策时，汇率传导机制可简要表示为：货币供给下降→利率上升→资本流入→本币升值→出口下降→收入下降。汇率传导机制之所以起作用，在于资本的跨境自由流动和逐利本质，会导致资本流向收益率高的国家以赚取利差收益。在浮动汇率制情况下，国际资本的大量流入将会导致本币升值，从而带来出口下降和收入减少的结果。

汇率传导机制可分为两个阶段，第一阶段由政策操作目标到汇率变化，第二阶段由汇率变化最终影响实体经济。汇率传导机制通常存有阻滞，使得政府的货币政策目标无法通过汇率渠道实现。存在阻滞的一个重要原因是政府直接干预汇率，汇率传导机制在第一阶段中不通畅。

随着人民币国际化进程逐步推进，对资本管制的放开和浮动汇率制度的实施，将在很大程度上消除阻滞，有助于增强汇率传导机制的有效性。但人民币国际化后，影响货币传导机制的因素将变得更加复杂，浮动汇率

第3章 人民币国际化对我国货币政策的影响

制度下人民币汇率波动幅度也将显著加大,如果出现大幅贬值,将会影响人民币国际货币的地位,甚至发生货币危机。

3.2.3.3 人民币国际化削弱货币资产价格传导机制效果

托宾Q理论是分析资产价格传导机制的重要理论。该理论可简要表示为:货币供应量上升→利率下降→股价上升→消费、投资支出增加→产出增加。该理论设置了一个Q值概念,表示企业市场价格(股价)与重置成本的比例,如果Q>1,表示重建企业比在市场上购买同样的企业更加划算,就会产生实体经济投资;如果Q<1,则表示在市场上购买企业比重建同样的企业更加划算,会出现实体投资减少。

托宾Q理论可用于分析货币政策的资产价格传导机制。如果一国实行扩张性货币政策,货币供给的增加引起实际利率下降,存款和债券收益率低,推动资金流向股市,推动股价升高,从而出现重建企业比在市场上购买企业更加划算的情况,最终导致实体投资和产出的增加。

人民币国际化后,由于国外人民币市场的存在,扩张性货币政策所导致的利率下降幅度要小于人民币国际化之前,甚至可能出现最终均衡利率高于货币政策实施前的情况。由于利率下降幅度未达到预期,不会产生推高企业市场价格(股价)的效果,使得重置成本仍然大于市场购买成本,最终难以实现提高实体投资和产出的最终目标。可见,人民币国际化后,货币政策的资产价格传导机制效果将被削弱。

3.3 人民币国际化对我国货币政策的挑战

根据前文的分析可知,随着人民币国际化进程深入推进,在叠加了国内、国外两个市场后,由于货币政策的溢出和回溢效应增强,人民币的货币需求函数和供给函数均会发生变化,货币需求总量变得难以预测和统计,进而影响货币供给决策。同时,货币政策传导机制变得更加复杂化和多样化,导致货币政策工具使用效果更加难以准确测度。这必将给中国货币政策的实施带来挑战。

3.3.1 人民币国际化对中国货币政策独立性的挑战

人民币国际化对中国货币政策的独立性的影响是双向的,需要辩证看待。一方面,国际资本双向流动导致我国货币的被动投放或回收,会削弱我国货币政策的独立性;另一方面,人民币国际化使得人民币可能成为部分国际大宗商品的计价货币,同时人民币会成为国际储备货币,这将有利于增强央行的货币政策独立性。

3.3.1.1 人民币国际化对我国货币政策独立性的削弱

关于开放经济下的政策选择,美国著名经济学家保罗·克鲁格曼提出了"三元悖论",即在开放经济条件下,本国货币政策的独立性、汇率的稳定性以及资本的自由流动性这三个目标中只能选择两种来实现,而必须放弃一个目标。

开放经济环境下,在货币政策溢出效应作用下,各国货币政策相互博弈,既有合作,也有对立。人民币国际化后,我国货币政策的溢出效应与回溢效应将表现得更加显著,即我国货币政策的制定将不可避免地受到国外货币政策的冲击,以及他国经济主体对人民资产选择的影响,他国货币政策的溢出效应将给我国货币政策独立性带来巨大的挑战。

目前,中国之所以能够保持货币政策的相对独立,是以牺牲资本自由流动为代价的,由于资本项目仍存在管制,短期国际游资进出不太方便,难以形成大规模的冲击,从而未对汇率稳定带来太大影响。但人民币作为国际货币,必须满足资本自由兑换和汇率稳定两个条件,这将要求中国对货币政策的独立性做出一定程度的牺牲。如中国长期处于经常项目和资本项目双顺差的状况,在保持币值稳定的压力下,顺差最终转化为央行的外汇储备,从而形成被动式的货币投放,货币供给调节的独立性部分丧失了。

3.3.1.2 人民币国际化对中国货币政策独立性的增强

人民币成为大宗商品的计价货币,增强央行货币政策的独立性。许多国家的货币政策是盯住通货膨胀,而盯住通货膨胀就必须要盯住大宗商品价格。当前,大宗商品大多是以美元定价,盯住大宗商品价格就必须盯住美元指数,因此这些盯住通货膨胀国家的货币政策将受到美元指数走势的影响,其货币政策的独立性被削弱。在人民币国际化后,如果人民币能够成为国际大宗商品的计价货币之一,至少我国主要的大宗商品交易能够实现以人民币计价的话,则这些货物的价格将会与美元指数脱钩,更多地反映人民币指数走势,央行货币政策的独立性就会大幅增强。

人民币国际化后,可能会成为主要国际储备货币之一,中国受到其他国家货币政策外溢性的干扰也会大幅降低。可以看到,"二战"以来,美元是世界上最主要的国际储备货币,因此美联储的任何政策都会对全球金融市场产生巨大的影响力,进而对其他国家的经济产生较大的影响,这是"货币政策外溢性"最明显的例子。如果人民币能够成为主要的国际储备货币之一,则国际资本流动和资产价格将会受到央行货币政策的影响,中国的货币政策将对其他国家产生"外溢性",与之相对应,其他国家对我国的货币政策外溢性干扰将减少。

3.3.2 人民币国际化对货币政策工具运用的挑战

央行的货币政策工具包括一般性货币政策工具和选择性货币政策工具。一般性货币政策工具主要有三类：法定存款准备金政策、再贴现政策以及公开市场操作。此处仅讨论人民币国际化对央行一般性货币政策工具运用的影响。

3.3.2.1 人民币国际化减弱法定存款准备金工具使用效果

法定存款准备金率是中央银行规定的商业银行和存款金融机构必须缴存中央银行的法定准备金占其存款总额的比例，其作用是控制商业银行可放贷资金规模，进而控制社会货币供给总量。如果央行提高法定存款准备金率，商业银行可贷资金就会减少，在货币乘数作用下整个社会货币供给量就会下降，进而通过利率等渠道实现紧缩的目的。

人民币国际化后，国际资本可自由流动，假设央行通过降低法定存款准备金率的方式实施扩张性货币政策，商业银行可用于贷款的资金就会增加，在信贷需求没有增加的情况下，会引起利率下降，人民币收益率下降会导致资本外流，人民币面临贬值压力。为稳定币值，央行将会抛售外汇储备回收本币，引起利率重新回升，从而导致实施扩张性货币政策刺激产出增加的目标难以实现。因此，人民币国际化会减弱存款准备金政策工具的使用效果。

3.3.2.2 人民币国际化减弱再贴现工具使用效果

再贴现工具是通过改变商业银行向央行再贴现的利率，从而达到货币政策的紧缩或扩张效果。当央行提高再贴现利率时，商业银行获取资金成本升高，影响可贷资金数量，从而促使货币供给量减少和利率上升。与法定存款准备金政策的区别在于，再贴现是一种被动政策，更多地取决于商业银行的选择，央行虽然可规定再贴现率，但无法强迫商业银行贴现，主动性较差。

人民币国际化对央行再贴现工具运用的影响过程与准备金相似，都是通过国际资本对人民币利率的反馈作用，减弱再贴现政策工具的使用效果。

3.3.2.3 人民币国际化增强公开市场操作作用

公开市场操作是央行通过在公开市场上卖出或买进有价证券（国债、票据等）的方式调节货币供给量，从而实现货币政策目标。与法定准备金政策和再贴现政策的行政方式不同，公开市场操作是一种市场化手段，具有操作简单、方式灵活、效果直接可控等优点。

随着人民币国际化进程深入，央行对公开市场操作的运用会不断加强。这是因为金融市场必然伴随着人民币国际化进程不断完善，市场上可选择的操作交易品种增多，对公开市场操作工具的使用，可以达到差别化和精细化的政策效果。同时，公开市场操作既可以直接调节货币供给总量，也可通过利率和汇率两个渠道选择性发挥作用。当准备金政策和再贴现政策实施效果与预期发生偏离时，公开市场操作还可以发挥灵活性特点，起到及时弥补的作用。因此，公开市场操作的实施效果会随着人民币国际化程度的加深而强化，这种工具将逐渐在货币政策工具使用中占据主导地位。

3.3.3 人民币国际化对中国货币政策实施效果的挑战

经济增长、物价稳定、充分就业和国际收支平衡是中国货币政策的四大传统目标。其中物价稳定是指对内的币值稳定，随着人民币国际化进程加深，对外币值稳定即汇率稳定将被纳入基本目标体系。同时，由于目标上的冲突，维持国际收支平衡的意义将会变得相对次要。人民币国际化后，我国货币政策的溢出效应和他国货币政策对中国的回溢效应都将显著增强，货币政策传导机制趋向复杂化和多样化，将使得货币政策最终效果变得更加难以预测。

3.3.3.1 人民币国际化会减弱货币政策促进经济增长和充分就业目标效果

货币政策对经济增长和充分就业的作用方向基本一致，两者可一起讨论。人民币国际化后，货币政策对这两大目标的效果会减弱，根本原因在于国内、国外两个市场对利率变化的反应是相反的，在资本可自由流动的条件下，国际资本流动方向与本国政策目标方向相反。例如，当我国实施扩张性货币政策以促进经济增长时，人民币利率下降，进而使国外居民减少持有人民币，引发资本大规模外流，促进经济增长目标效果将会大打折扣，甚至可能出现负面效果。

汇率政策实施效果也面临类似的问题，人民币国际化之前，央行可以通过汇率贬值政策促进出口，推动经济增长。人民币国际化后，非国际化货币国家会采取盯住国际货币的汇率政策，当人民币升值或贬值时，非国际货币国家也会进行同等幅度的升值或贬值，人民币与该国的汇率没有发生改变，从而使人民币汇率政策失效。人民币被用于结算和国际储备的情况越多，中国汇率政策效果被削弱的现象就越明显。

3.3.3.2 人民币国际化增大央行稳定物价和汇率的难度

对内币值稳定方面：人民币国际化后，如果我国通货膨胀率高而采取紧缩性货币政策，根据前文相关分析，这将提高国内的利率，导致国际资本大量流入，迫使央行抛出更多的人民币购买外汇，从而使紧缩性货币政策无法达到预期的效果。

对外币值稳定方面：一方面，由于特里芬难题的存在，人民币国际化后，随着国外市场对人民币需求的增加，我国需要通过持续的贸易逆差保持人民币对外净输出状态，长期的贸易逆差将给人民币带来贬值压力。另一方面，随着资本账户的逐渐开放，短期国际游资的大进大出将导致人民币汇率波动加剧，给央行稳定汇率工作带来困难。

3.4 货币政策如何适应人民币国际化

3.4.1 夯实基础

3.4.1.1 加强跨境人民币的统计监测，提高人民币需求预测水平

人民币国际化后，由于存在离岸市场，跨境人民币流动将削弱中国货币政策效果，央行可以通过公开市场操作进行对冲，以抵消这部分影响。这要求准确掌握人民币跨境流动情况，对其数量规模有相对准确的统计与监测，为央行的货币政策操作提供相对可靠的依据。在此基础上，还需要对人民币跨境流动的可能情况进行预测，对货币政策可能引发的人民币资金跨境流动规模和方向做出预测和判断，以便采取对策予以冲销。

3.4.1.2 深化利率市场化改革，提高货币政策有效性

为了应对人民币国际化后资本项目开放对我国造成的影响，要尽快推动利率市场化改革，使得实际利率能够有效反映市场资金供求，提高央行利率工具的有效性。

第一,培育央行基准利率体系,完善利率政策传导机制。建设央行基准利率体系,就是要在各个层次的资本市场构建相对统一的基准利率。一方面,为各类金融产品的定价提供相适应的定价基准;另一方面,使不同市场的基准利率之间形成有机联系,防止不同市场之间的无风险套利。关于完善利率政策传导机制方面,要引导金融机构合理运用央行基准利率对本行存贷款利率进行指引,通过完善的收益率曲线,让不同期限的金融产品都能得到合理定价,实现基准利率从货币市场到金融市场,再到实体经济的有效传导。

第二,提高金融机构的自主定价能力和风险防控能力。以上海银行间同业拆借利率(Shibor)为指导,逐步推动金融机构完善利率定价机制建设,不断提高金融机构风险定价水平。同时,打破金融垄断,降低金融市场的准入门槛,建立金融行业的市场退出机制,使金融机构在市场竞争中实现优胜劣汰,提高金融机构的竞争力和防风险能力。

3.4.1.3 加强金融市场改革,提高金融市场的蓄水能力

随着人民币国际化的推进,中国的金融管制将进一步放松。当前,中国金融市场的现状是,多层次资本市场尚未健全,市场中可供交易的金融产品种类和数量均较少,这将导致资金的外流,进而影响中国金融市场的发展,同时又损害实体经济的发展。因此,要加快金融市场改革,提高金融市场的蓄水能力留住资金。一方面,要进一步推动多层次资本市场建设,大力发展债券市场、衍生品交易市场和各类二级市场,不断拓宽金融市场发展的广度和深度,满足不同类型投资者的投资偏好;另一方面,要加强投资者培育,培养更多理性投资者,提升金融市场交易的活跃度。

3.4.2 内外均衡视角下的利率政策与汇率政策协调

3.4.2.1 要重视汇率政策，推动货币政策由利率传导机制向汇率传导机制转变

正如前文分析所述，人民币国际化会削弱利率政策的效果，并增强汇率政策的效果，因此单依靠传统的利率机制难以实现内外部均衡目标，而应该更多地使用汇率政策。一方面，要探索建立适合我国国情的汇率政策框架，为以后的汇率措施提供可靠的指导；另一方面，要增加调控汇率机制的工具数量，根据不同的需求，探索开发有针对性的汇率工具品种，丰富汇率政策的实施手段提高政策效果。

3.4.2.2 增加汇率与利率的有机联动，推动政策传导效率提升

人民币国际化后，将会有大量的短期投机资本涌入中国寻求套利机会，这些资本在中国金融市场上"兴风作浪"，一方面导致市场波动加剧，金融风险上升；另一方面也会削弱中国货币政策的效果，破坏经济平稳发展。对此，央行应该强化汇率政策与利率政策的有机联动，针对不同的情况，选择最合适的政策，以尽量缩短政策的传导链条，推动政策传导时效，从而压缩投机资本的套利空间，维护金融市场的稳定和安全。

3.4.2.3 树立"均衡外汇管理"的理念，强化短期跨境资本流动监管

在人民币国际化的背景下，资本的流入和流出将越来越自由，尤其是短期投机资本将会更加频繁且大规模地跨境流动，原来强化行政监管的老方法将难以适用，需要在外汇管理方面，改变传统思维，树立"均衡外汇管理"的理念。

第一，进一步完善跨境资本流动的管理制度，防止资本的大进大出。

摸清资本跨境流动背后的真实经济背景，根据不同的情况和原因，推出有针对性的措施对资本的流动进行管控。

第二，加强对短期资本跨境流动的监测，及时发现这些短期资本带来的潜在风险。加强对外汇流入真实性的监管，防止无真实贸易背景的外汇资金流入；提高外汇非现场监管水平和现场核查深度，对违法违规案件及时处理，强化警示震慑作用。

3.4.3　灵活运用货币政策工具

3.4.3.1　保持基础货币供应平稳增长，稳定国内货币供应量

第一，保持基础货币供应平稳增长。人民币国际化后，境外市场对人民币的储备和交易需求将会持续增长，需要我国保持人民币对外供给状态。这要求央行在考虑两个市场需求的基础上，保障基础货币供应的平稳增长，并进一步打通在岸市场与离岸市场的联系，保障人民币输出渠道畅通。央行运用数量与价格等货币政策工具，安排好人民币现钞发行及回笼工作，适时调整外汇储备水平，把好流动性总阀门，引导信贷规模及社会融资规模平稳适度增长。

第二，保证我国国内货币供给量与经济发展的需求相适应。人民币国际化后，人民币的规模不仅是我国国内的问题，同时也是世界的问题。作为负责任的大国，中国会合理管控人民币数量，不对世界金融市场造成不必要的冲击，但更重要的是我们要首先保证国内货币供应量的稳定，使其与经济发展的需求相适应。对于国际投机资本大进大出导致的金融市场波动，我国应首先以稳定国内市场为主，通过合理的货币政策工具，稳定国内货币供应量和通货膨胀预期，实现经济平稳发展。

3.4.3.2 合理搭配政策工具,保持政策协调

第一,增加对公开市场操作工具的运用。如前文分析,人民币国际化后,准备金政策和再贴现政策将由于离岸市场的负反馈机制而被削弱,而公开市场操作的效果则得到加强。因此,央行在运用政策工具的时候,应该进一步扩大公开市场操作工具的使用,推出更多可用于公开市场操作的金融产品种类,增加操作频率,实现政策的预调微调。

第二,强化国债市场对货币冲击的调节作用。国债作为金融市场中一种重要的交易品种,具有保有量大、风险低、较好反映央行基准利率变动等优点,是央行体现货币政策意图的一种非常适合的工具品种。因此,在人民币国际化后,建立一个高度发达的国债市场对于完善货币政策工具而言尤为重要。对于金融市场,人民币突发性的大规模流入或者流出,央行可以通过卖出或买入国债这种反向操作的方法,以冲销突发事件的不利影响,实现金融市场的平稳运行。同时,央行还可以通过在金融市场中买入或卖出不同期限的国债,实现对货币存量、利率水平以及利率结构的主动调节,实现自身的货币政策目标。对于前期发生的错误,还可以通过国债买卖进行反向操作,实现及时纠错。因此,具有超强市场调节功能的国债是人民币国际化后央行能够完全掌握的一种非常重要的货币政策工具。

第三,加强财政政策与货币政策的协调配合。人民币国际化后,由于境外市场的影响,仅依靠货币政策实现经济目标的难度将会进一步加大,这就要求合理运用财政政策和货币政策,强化两种政策的协调配合,以实现国家的经济目标。根据蒙代尔的政策搭配理论,财政政策对内部经济的调节效果更好,而货币政策则对外部经济的调节效果更好。因此,当货币政策产生的效果在内部目标和外部目标之间产生冲突时,应考虑实施相应的财政政策以削减对国内经济的不良影响。

3.4.3.3 加强货币政策的国际合作,避免出现以邻为壑的政策

人民币国际化背景下,我国的金融市场不仅受到其他大国货币政策和经济变化的影响,我国货币政策的调整也会显著影响其他国家的金融市场。为避免出现不良溢出效应及其反馈影响,我国在实施货币政策时,要充分考虑政策的溢出效应以及其他国家的政策反馈对我国政策效果的影响,加强与其他国家尤其是对金融市场有着重要影响力的国家的政策协调,避免各国的货币政策出现以邻为壑的现象。

第4章
汇率与人民币国际化

汇率是一种货币兑换成另一种货币的比率，即用一种货币表示另一种货币的价格，是货币内在价值和外在价值的重要体现，反映了货币之间的相对价值。一国货币上升为国际货币，其内在价值和外在价值会发生一些变化，人民币国际化也不例外。人民币国际化进程可能对人民币汇率变动产生显著影响，反过来人民币汇率变动又可能影响人民币国际化进程，人民币国际化与人民币汇率变动之间存在因果联系。这种因果联系主要体现在两个方面：一是外在联系，即汇率水平波动与人民币国际化的联系；二是内在联系，即汇率制度选择与人民币国际化的联系。

4.1 汇率与货币国际化的联系：历史的脚印

4.1.1 美元国际化与美元汇率波动亦步亦趋

在固定汇率安排下，美元汇率预期保持长期稳定，为美元成为最主要的国际货币提供了支撑。从"二战"后到1976年牙买加体系确立之前，美元是唯一可以与黄金按照固定比率自由兑换的货币。这种制度安排使美元汇率预期长期稳定，美元持有者无须担心因汇率波动而遭受损失，美元在国际贸易结算中的使用越来越广泛，世界各国持有的美元资产大幅增加，美元作为全球最主要的计价、结算、投资和储备货币的地位得以巩固和提升。1975年末，美元在全球外汇储备中的比重为79.4%（见图4-1），达到了美元作为国际储备货币的巅峰。①

在浮动汇率安排下，美元汇率升贬交替，贬值预期削弱美元的国际地位，而升值预期有助于提升美元的国际地位。20世纪70年代初，美国宣布美元停止兑换黄金并实施美元贬值，国际社会对美元的信心开始动摇，布雷顿森林体系随之崩溃。在牙买加体系下，发达国家普遍实行浮动汇率制度，国际上出现了"去美元化"浪潮，美元的国际地位不断下降。到1990年末，美元在全球外汇储备中的比重为50.3%，比1975年末下降了29.1

---

① 资料来源于国际货币基金组织网站。

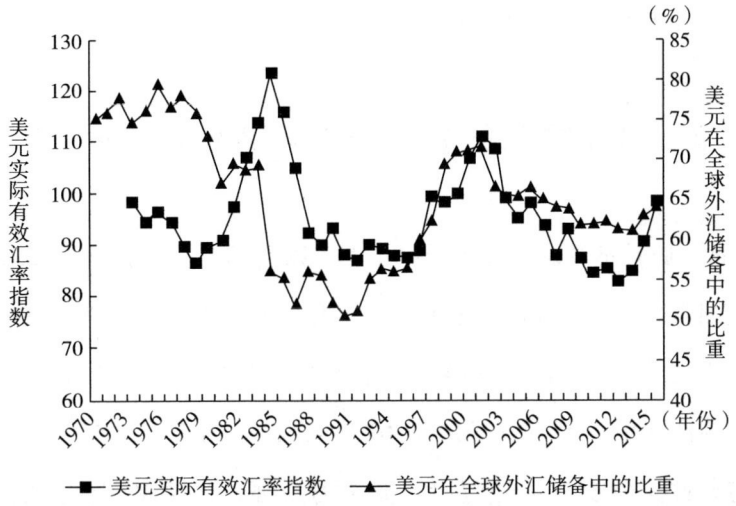

图 4-1 1970~2015 年美元汇率及在全球外汇储备中的地位示意图

个百分点。1995 年，克林顿政府推行"强势美元政策"，意图通过美元升值来降低外债成本，并为美联储实施低利率政策创造条件，从而鼓励投资以刺激经济发展。国际社会对美元重拾信心，美元升值预期高涨，令美元的国际地位逐步上升。至 2001 年末，美元在全球外汇储备中的比重为 71.1%，比 1990 年末上升了 20.8 个百分点。进入 21 世纪之后，受美国财政赤字和经常账户逆差持续扩大的影响，美元面临较大的贬值压力。始于 2007 年的国际金融危机以及美联储推行的量化宽松货币政策，进一步强化了美元贬值预期，国际上再次出现"去美元化"的趋势。2013 年末，美元在全球外汇储备中的比重为 61%，比 2001 年末下降了 10.1 个百分点。2014 年以来，美国经济结构调整成效显现，经济出现复苏势头，而欧盟、日本经济依旧处于低迷状态，美元汇率升值预期逐渐增强。2016 年第一季度末，美元在全球外汇储备中的比重比2013年末提高了2.5个百分点。①

4.1.2 日元国际化被动荡的汇率推向深渊

"二战"后日本经济快速增长,汇率预期升值是日元国际化取得长足进展的关键因素之一。从20世纪50年代开始,日本经济持续较快增长。1968年日本成为仅次于美国的世界第二大经济体。日本政府从20世纪70年代开始逐步实施浮动汇率制度,开放资本账户,设立离岸金融市场,为日元国际化创造条件。由于日本外贸出口竞争力较强,连续多年保持贸易顺差,国际社会对日元升值的预期较为强烈,日元在日本对外贸易计价、结算和国际金融市场投融资中的使用越来越广。从20世纪70年代到90年代初,日元经历了两轮较长周期的升值,国际地位得到较快提升。1991年末,日元在全球外汇储备中的比重达到巅峰值8.7%(见图4-2)②;1991年,日本出口、进口额中以日元结算的比重分别为37.5%和14.5%③。1992年,日元在全球外汇交易成交量中占比达到23.4%④。但是,因为热钱流入日本导致经济泡沫化,对日本经济竞争力和日元国际化的前景构成了损害。

在经济泡沫破灭和长期低迷时期,汇率大幅波动和贬值预期造成日元国际化进程倒退。20世纪90年代以来,随着经济泡沫破灭,日本陷入经济持续低迷的困境。日本央行长期实施低利率甚至零利率政策,日元汇率波动较为剧烈。国际社会对日本经济和日元的信心减弱,日元在国际货币体系中的地位明显下降。2012年日本政府为刺激经济,推行"安倍经济学",

---

①② 数据来源于国际货币基金组织网站。
③ 数据来源于日本财务省官网。
④ 数据来源于国际清算银行官网。

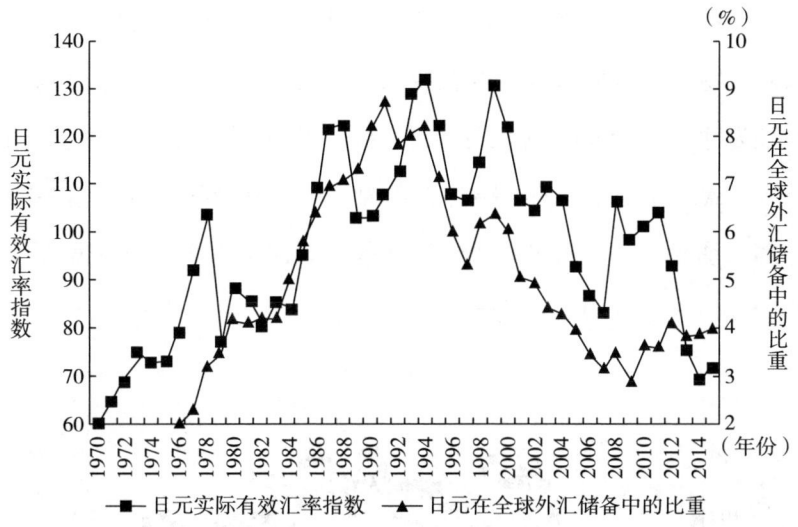

图 4-2　1970~2015 年日元汇率及在全球外汇储备中的地位示意图

实施量化宽松的货币政策,一方面大量投放基础货币,另一方面放任日元汇率持续下跌,令国际市场预期日元持续贬值,日元国际地位随之进一步下降。2015 年末,全球外汇储备中日元比重下降至 4.0%,比 1991 年末降低了 3.7 个百分点①

4.1.3　稳定的汇率是欧元国际化的助跑器

欧元启动之初,欧元国际地位因稳定的升值预期而上升。1999 年,欧元作为跨主权国家的区域货币启动。2002 年 7 月,欧元成为欧元区唯一的法定流通货币。由于欧元诞生在德国马克和法国法郎的基础上,一开始就

---

①　数据来源于国际货币基金组织网站。

具有了较高的国际化水平。在欧元启动头十年，欧元区经济稳定增长。欧央行以稳定物价作为货币政策的首要目标，使欧元区保持较低的通货膨胀率，并且为欧元在国际上赢得了良好信誉。国际社会对欧元汇率上升的预期日益增强，欧元在全球贸易、结算、金融市场等领域得到越来越多的使用。2008年第二季度末，欧元在全球外汇储备中的比重为26.6%（见图4-3），比1999年末上升了8.5个百分点。①

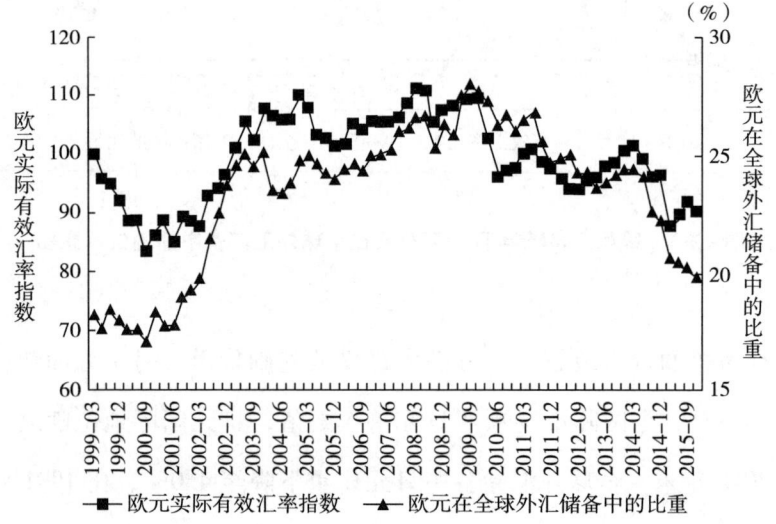

图4-3　1999～2015年欧元汇率及在全球外汇储备中的地位示意图

欧债危机发生后，欧元国际地位随着欧元持续贬值预期而下降。受2008年之后欧债危机持续发酵的影响，欧元区经济陷入低迷。欧央行实施了量化宽松的货币政策以刺激经济复苏，但由于欧元区各国在财政政策协调上存在矛盾，所以货币政策效果难以发挥，经济复苏进程落后于其他发达国家。国际社会由此而减弱对欧元的信心并担忧欧元可能进一步贬值，

---

① 数据来源于国际货币基金组织网站。

国际投资者纷纷将欧元资产转换为美元资产,欧元汇率持续走低,国际地位随之下降。2015年末,欧元在全球外汇储备中的比重为19.8%,比2008年末下降了6.4个百分点。

汇率变动对国际货币地位的影响大致有两种类型:趋势性影响和周期性影响。英镑和日元的变化更多属于趋势性影响,趋势性影响主要受制于经济实力的变化,经济实力的变化通过汇率路径间接影响货币国际地位的变动;周期性影响主要受制于货币政策的变化,美元属于这种情况,美元货币政策的变化会周期性地引起美元汇率的变化,进而引起美元国际地位的变动。

总体来说,从美元、日元和欧元的发展历程来看,汇率波动与货币国际化进程高度关联。一国货币汇率保持稳定,特别是币值稳中有升,有助于推进货币国际化;一国货币汇率剧烈波动,不利于推进货币国际化。

4.2 汇率波动会影响人民币国际化吗

4.2.1 汇率波动影响人民币国际化的事实

从人民币兑美元的汇率走势来看,可以将自2005年人民币汇改启动以来的过去11年划分为五个阶段。第一阶段为2005年7月至2008年7月,

---

① 数据来源于国际货币基金组织网站。

这三年期间人民币兑美元汇率持续攀升，升幅累计达到17%。第二阶段为2008年8月至2010年6月，在此期间，受国际金融危机影响，人民币汇率再度盯住美元，几乎没有任何提升。第三阶段为2010年7月至2014年1月，随着央行重启人民币汇率形成机制改革，人民币兑美元汇率持续攀升（尽管在2012年一度有所下跌），升幅累计达10%。第四阶段为2014年2月至2015年7月，人民币兑美元汇率呈现微跌微升交替、总体相对稳定的态势。第五阶段为2015年8月至2016年6月末，受2015年8月11日人民币汇率中间价报价机制改革的影响，人民币兑美元汇率大幅波动，且波动区间加大。

如果把上述五个阶段进行合并归总，2005年人民币汇改启动以来至2016年6月人民币汇率波动可划分为两个阶段。第一阶段，2005年7月21日汇改启动至2015年8月10日，人民币汇率总体上处在升值通道。即使中间人民币汇率价格有些许波动，人民币汇率仍出现一个持续十年的单边升值过程，这期间人民币兑美元汇率累计升值35.3%。第二阶段，从2015年8月11日至2016年6月，人民币汇率中间价报价机制改革之后，人民币汇率波动加剧，并出现一定程度的贬值（见图4-4）。从2015年8月至2016年6月末，人民币兑美元汇率累计贬值15.8%。

自2009年7月跨境人民币业务启动以来，人民币国际化进程先扬后抑。第一阶段，2009年7月至2015年9月，随着跨境人民币业务迅猛发展，人民币国际化进程快速推进。这期间，由渣打银行发布的人民币环球指数（RGI）从2010年末的100点上升到2015年9月的2407点。第二阶段，2015年10月至2016年6月，伴随着人民币贬值态势，人民币国际化进程也有一定程度的受阻。这期间，人民币环球指数从2407点的历史高点回落至2016年4月的2026点。

从历史数据上来看（见图4-5），人民币汇率变动与人民币国际化进程

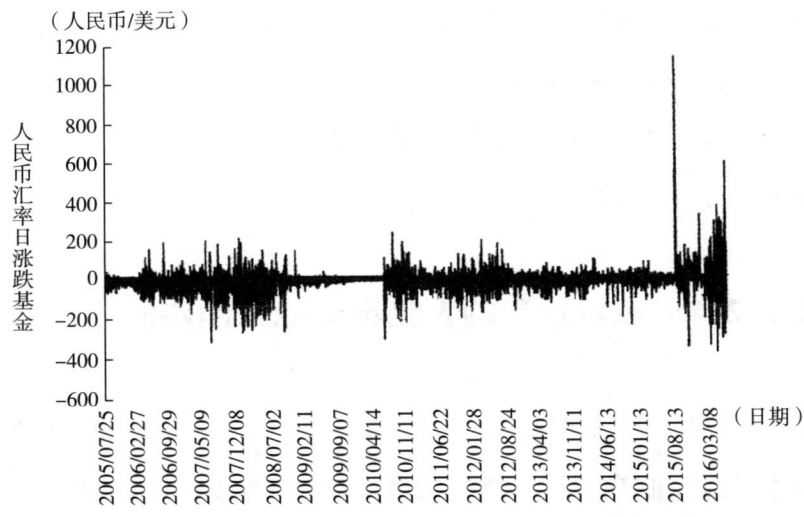

图4-4 2005年人民币汇率改革以来人民币汇率波动情况

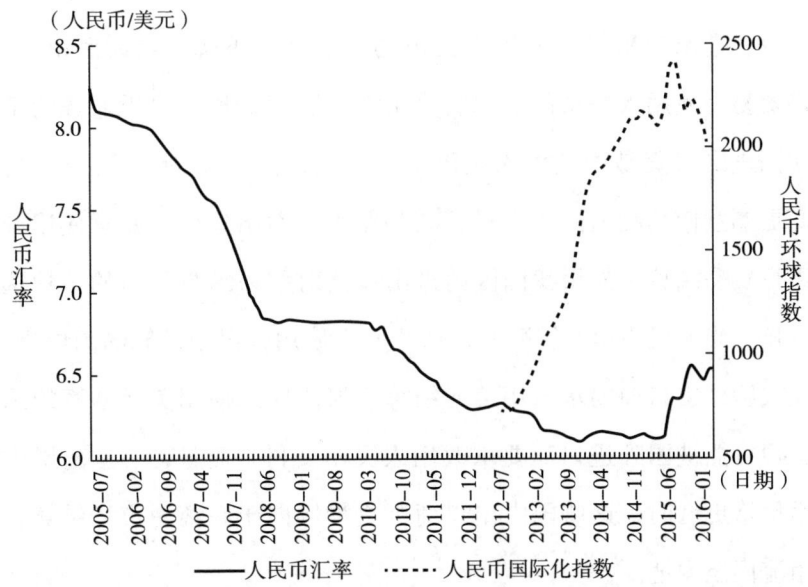

图4-5 2005年人民币汇率改革以来人民币汇率走势与人民币国际化进程示意图

高度关联。2009年7月以来人民币汇率变动的两阶段与人民币国际化进程变动的两阶段高度重合。在人民币处在持续升值的过程中,人民币国际化进展较为顺利,推进速度较快,而当人民币汇率区间波动加大并伴有一定程度的贬值时,人民币国际化进程有所回落。这一点与美元、日元、欧元国际化的经历颇为相似。

4.2.2 汇率波动影响人民币国际化的路径

非居民持有某种国际货币的目的,不外乎出于流行性动机、预防性动机以及投机性动机等。理论上讲,人民币升值或贬值对人民币国际化的影响,主要体现在以下三个方面。

第一,人民币汇率波动会影响人民币作为贸易计价结算货币。当人民币贬值时,进出口贸易中使用人民币的意愿将会下降;当人民币升值时,进出口贸易中使用人民币的意愿将会上升。随着跨境人民币业务的不断推进,我国进出口贸易中使用人民币结算的比例正在不断上升。一般而言,进口商更愿意使用贬值的货币进行贸易结算,而出口商更愿意使用升值的货币进行贸易结算。如果我国国内进出口商对贸易结算货币的币种选择没有决定权,当人民币由升转贬时,那些原来使用人民币结算的国内进口商,很可能被国外出口商要求改用美元结算。那些原来使用美元结算的国内出口商,很可能被国外进口商要求改用人民币支付。而且,一旦离岸市场的人民币价格更低时,这些国内出口商则更加倾向于在离岸市场结算,再把人民币流回至内地。

第二,人民币汇率波动影响人民币作为国际投融资货币。在当前国际货币体系中,人民币是一个高收益的风险货币。在货币套利策略中,投资者倾向于使用日元或美元作为融资货币,而选择新兴市场货币作为投资货币，人民币在大多数时候都作为投资货币。当人民币升值时，非居民持有人民币将会带来升值收益，有助于增强非居民持有人民币的意愿，使更多的非居民愿意增持人民币和以人民币计价的资产，这将有利于提高人民币国际化水平。反之，当人民币贬值时，非居民持有人民币将会遭受贬值损失，导致非居民持有人民币的意愿有所降低，由此引发非居民减持人民币和以人民币计价的资产，进而不利于人民币国际化的推进。

第三，人民币汇率波动会影响离岸人民币债券的需求。对投资者而言，非居民购买离岸人民币债券的收益包括两部分：利息收入以及由人民币升值带来的升值收益。当人民币有升值预期时，非居民持有人民币债券不仅可以得到利息收入，还可以获得潜在的升值收益，离岸人民币债券的市场需求将会增加。而当人民币有贬值预期时，非居民投资债券的整体收益率会有所降低，离岸人民币债券对投资者的吸引力也会下降，导致离岸人民币债券的市场需求不足。由于债券投资者面临潜在的汇兑损失，必然要求更高的利息收入予以弥补，在人民币贬值预期的背景下离岸人民币债券的发行利率水平将会不断提高。如果在岸人民币债券利率处在下行通道，离岸人民币债券与在岸人民币债券的发行利率差就会不断收窄，甚至会出现离岸人民币债券发行利率高于在岸人民币债券发行利率，导致债券发行人更愿意到在岸市场融资，进而降低了对离岸人民币债券的需求。

4.3　汇率制度会影响人民币国际化吗

自 2005 年 7 月 21 日开始，我国实施以市场供求为基础，参考一篮子货币有管理的浮动汇率制度。这种汇率制度不单纯地盯住美元，而是让汇率参考一篮子货币；同时把市场供求关系作为调节汇率的重要依据，以此形成有管理的浮动汇率制度。在人民币国际化背景下，这种汇率制度能够有效地维护人民币汇率在合理均衡水平上的基本稳定，为加快推进人民币国际化提供汇率制度保障。

4.3.1 汇率制度选择的博弈：一个理论

根据"三元悖论"，本国汇率稳定、资本完全流动、货币政策独立不能同时实现，最多只能同时实现其中两个目标，而必须牺牲另外一个目标。尽管"三元悖论"的假设条件不太符合中国的现实情况，但从资本管制、汇率浮动以及货币政策独立性三者关系的分析框架中探讨人民币汇率制度选择，具有十分重要的意义。在"三元悖论"分析框架下，国内货币政策操作有三种选择：

第一，如果一个国家要保证本国货币政策的独立性和资本流动的完全性，就必须牺牲汇率的稳定性，推行浮动汇率制。这是因为在资本完全流动的条件下，国际资金可以自由进出本国，国际收支状况随之发生改变。在人民币国际化之后，国际资金进出我国更加频繁，给国际收支变化带来更多的不确定性。此时，如果还需要保持国内货币政策的独立性而不受外界干扰，只能利用汇率工具来调节跨境资金流动，进而达到维持国际收支平衡的目的。在此条件下，浮动汇率制度是必然的选择。

第二，如果一个国家要保持本国货币政策的独立性和汇率稳定，那么资本的完全流动性就不可能得到保持，资本管制成为必然。人民币国际化后，人民币不仅在国内流通，而且还要在国际上流通，货币政策需要同时兼顾国内和国外两个市场。如果要保持国内货币政策的独立性和汇率稳定，就必须斩断跨境套利、套汇的链条，这就需要把国际资本流动控制起来，避免国内资金价格和人民币价格受到国外的影响。

第三，如果要维持一个国家的汇率稳定和资本完全流动，就要牺牲货币政策的独立性。人民币国际化后，如果国际资本完全流动，在维持汇率水平不变的条件下，本国货币政策的任何变动，都将会引发国际资本的流入和流出，由此抵消货币政策的预期效果。特别是，人民币在国际上流通以后，在乘数效应的作用下，这种抵消作用会更加明显，从而国内货币政策将难以发挥预期作用。

在人民币国际化背景下，保持国内货币政策独立性显得尤为重要。只有货币政策独立，才能保证经济政策独立，才能实现国家的独立富强。同时，资本的自由流动是必然要解决的问题，但汇率放开浮动又容易成为国际游资攻击的目标。如何在保证货币政策独立和汇率稳定的基础上，有条件、有步骤地实现人民币资本项目可兑换，需要有更多的自信和更大的智慧。

从长期来看，人民币汇率在理论上是服从购买力平价的，购买力平价的变动决定汇率变化。从短期来看，汇率主要由国际收支决定。如果我国国际收支出现逆差，人民币将会贬值。如果我国国际收支出现顺差，人民币将会升值。在固定汇率制度下，如果本币高估是长期的，一般认为这种固定汇率制度将是不可持续的，未来本币将会贬值，从而导致资本外逃，进而引发国际收支和货币危机。如果本币低估是长期的，未来本币将会升值，跨境资本由此大量流入，推动国内资产价格高涨，形成资本泡沫。一般来说，浮动汇率是由一国价格水平的变化和国际收支的变动共同决定的。如果我国价格水平发生变化或者国际收支状况发生改变，而人民币汇率水平始终保持不变，那么人民币汇率水平将是不可信的，人民币则有可能出现高估或者低估的现象。

与此同时，增加人民币汇率的灵活性是非常必要的。有弹性的人民币汇率不仅有利于维护国内货币政策的独立性，保持人民币对外价格的合理性，还有利于提升人民币的国际信誉。随着人民币资本项目可兑换进程的推进，特别是人民币纳入 SDR 货币篮子之后，汇率是调节跨境资金流动的重要经济杠杆，增加人民币汇率的灵活性对于调节国际收支平衡、维护国内金融稳定、增强境外持有和使用人民币的信心具有十分重要的作用。从这个意义上来说，灵活弹性的人民币汇率是推进人民币国际化的重要条件。

4.3.2 汇率制度的类型对货币国际化的影响：一个案例

美元是一个典型的例子。美元称霸以来，美元依次经历了固定汇率制度和浮动汇率制度，但美元的霸主地位依然没有改变。在固定汇率制度下，很多国家货币与美元挂钩，官方通常会持有充足的美元，并将其用于弥补国际收支赤字。在浮动汇率制度下，官方可能会减少对美元的需求，但是仍然存在一定的官方干预来熨平经济波动，以缓和对真实消费水平的冲击，这种情况下仍然需要官方外汇储备。在 1973 年以后的有管理浮动汇率制度下，非 OPEC 国家整体上持有的官方美元余额锐减，但是，对美元的需求还是很大的，1974 年这些需求是通过私人美元需求名义余额的大幅上升实现的。因此，从固定汇率制度向浮动汇率制度转变的一个净结果就是降低了官方美元需求与私人美元需求的比率，但是需求总量并没有下降。在这两种汇率制度下，美国都能够促使其他国家持有更多的美元。

因此，从历史的视角，汇率制度不是本币国际化的决定因素，但可能对私人和官方持有该种货币的需求产生影响。本币国际化的关键是该种货币是否能够满足私人经济交易和官方干预经济的需要。英镑、美元所走过的固定汇率制度和浮动汇率制度的经历都说明了这一点。

4.4 人民币国际化背景下汇率制度选择：量体裁衣

4.4.1 人民币国际化对人民币汇率制度提出的新要求

汇率制度是一国政府对汇率水平如何变动所做的一系列制度安排。汇率制度没有优劣之分，只有合适与不合适之分。无论是固定汇率制度，还是浮动汇率制度，各有千秋，没有一种汇率制度能够适合所有国家以及一个国家的所有时期。汇率制度安排要与国内经济金融发展阶段相适应，要与国内宏观政策相适应。在人民币国际化背景下，人民币汇率制度要考虑以下三个要求。

第一，人民币汇率形成机制要坚持市场化导向。以市场化为导向的、相对灵活的汇率制度安排是人民币国际化的重要条件。在人民币国际化的进程中，需要人民币拥有一个合理的对外价格，这从某种程度上要求提高人民币汇率形成的市场化程度，以适应外汇市场供求的变化。另外，人民币汇率市场化形成机制也有利于实现我国货币政策的独立性。因此，在人民币国际化的背景下，人民币汇率形成机制要始终坚持市场化的方向。

第二，人民币国际化要求实行稳定的汇率政策。长期以来，人民币汇率的稳定给人民币的持有者、使用者提供了稳定预期。1997~2005年，人民币汇率事实上盯住美元，人民币兑美元汇率基本保持不动。2005年人民币汇改之后直到2015年8·11人民币中间价汇改之前，人民币汇率总体上呈现稳中有升的态势。过去人民币盯住美元，美元的稳定预期带给人民币持有和使用者充足的信心，为人民币国际化创造了一个有利的时间窗口。目前，人民币还处在国际化的初级阶段，要继续推进人民币的国际化就必须保持人民币内外价值的稳定。在我国外汇市场体系尚不健全的条件下，实行完全自由浮动汇率制度可能会导致汇率大幅波动，我国企业会由于其脆弱的汇率风险承受能力而出现发展危机，甚至是生存危机。因此，汇率的过度浮动无论对币值稳定还是经济发展都极为不利。但严格维护汇率稳定又要面对"三元悖论"的困扰。从这个意义上来说，对人民币汇率水平的要求应立足于动态的稳定，即短期可以小幅波动，长期要相对稳定。集中到汇率制度的选择上，管理浮动将是目前的合理选择。随着人民币国际化程度的提高，汇率稳定能够通过完善的金融市场体系自发形成，人民币的汇率制度将顺其自然地过渡到自由浮动。

第三，人民币汇率制度安排要根据人民币国际化进程做适当的调整。在人民币的双边（或周边）国际化阶段，可根据货币自由兑换的程度进行选择。经常账户可兑换可实现贸易与服务的人民币计价结算，可通过双边协定扩大人民币的国际应用范围，此时管理浮动是最优选择。资本账户可兑换可保证流通和储藏手段的实现，在兑换改革渐进性的原则下，汇率制度应考虑扩大汇率波动弹性，逐步向浮动方向发展。当人民币进入区域国际化阶段，在谋求货币区核心货币地位时，汇率制度安排必然要遵循货币区对内固定、对外联合浮动的特征要求。如果人民币成长为全球化的国际货币,甚至已经成为关键国际货币,则对汇率制度安排可以有更大的选择空间,自由浮动汇率制度将成为优选方案。

4.4.2 人民币国际化战略下人民币汇率制度的选择

目前,我国金融市场尤其是外汇市场尚不发达,金融体系还不完善,市场化的金融监管和金融调控体系还不健全。汇率制度既不能完全固定,也不宜自由浮动,只能选择一种既有稳定性又有灵活性的汇率制度。根据人民币国际化的要求,结合我国的实际情况,我国汇率制度选择必须坚持以市场供求为基础、有管理的浮动汇率制度,这是由我国的基本国情所决定的。

第一,有管理的浮动汇率制度有利于应对外部冲击。中国经济已经高度融入全球经济,贸易和投资所带来的跨境资本流动更加频繁,国内金融受到的外部冲击显著增强。如果坚持固定汇率制度,人民币币值一旦出现高估或者低估的情况,人民币汇率制度将会承受巨大的外部压力,这必然要求人民币汇率采取浮动汇率制度。

第二,有管理的浮动汇率制度有利于发挥汇率调配资源的作用。通过浮动汇率制度,调节资源内外部比价,引导境内企业合理运用"两个市场、两种资源",推动产业转型升级。

第三,有管理的浮动汇率制度有利于保持货币政策的独立性。中国经济不仅体量大、产业体系庞杂,而且经济发展阶段也不同于西方国家,这要求我们必须坚持独立自主的货币政策。根据"三元悖论",如果坚持固定汇率制度,就要牺牲货币政策独立性,这显然与中国的国情不相适应。有管理的浮动汇率制度，可以让货币政策保留较大的操作空间。

第四，有管理的浮动汇率制度为实现人民币资本项目可兑换创造条件。有序实现人民币资本项目可兑换是推进人民币国际化的必然选择，而灵活的和市场化的汇率机制是实现人民币资本项目可兑换的先决条件。

4.4.3 完善人民币汇率制度的政策建议

第一，逐步扩大汇率浮动区间。自2005年人民币汇率制度改革以来，人民币兑美元汇率波动幅度不断扩大，2007年波动幅度由±0.3%扩大至±0.5%，2012年扩大至±1%，2014年再次扩大至±2%。随着人民币汇率制度改革的深入，可在综合考虑国际收支状况、汇率政策目标、国内利率水平、实际有效汇率、外汇储备，以及宏观经济、金融市场、企业部门以及个人承受汇率波动能力的基础上，将人民币汇率浮动区间进一步分步骤地扩大至±3%、±4%和±5%。

第二，加强外汇市场建设。要有序扩大外汇市场参与主体，特别是丰富市场参与主体的类型，鼓励非金融企业和非银行金融机构进入银行间外汇市场，允许符合条件的市场主体直接参与外汇市场交易。要稳步推进外汇市场开放，吸引更多符合条件的境外机构参与外汇市场交易。要进一步丰富外汇市场产品，积极发展多元化的外汇避险工具，如外汇掉期、期权以及期货交易等。

第三，央行加强外汇市场的管理。在有管理的浮动汇率制度下，央行对外汇市场的关注重点应该是如何规范外汇市场交易秩序，避免人民币汇率大幅变动和严重失衡。央行可以运用货币政策对汇率进行调控，使其接近均衡汇率水平，并引导市场机制自动调节汇率水平，以使名义汇率更接近其均衡汇率水平。

第四，参考一篮子货币。篮子货币的币种选择要与贸易和投资相匹配，坚持多元化的方向。篮子货币的权重要根据经常项目外汇收支、资本项目外汇收支的币种结构，对与我国经济往来密切的国家和地区的货币以及经济交往中频繁使用的货币给予更大的权重。目前，可以重点参考三种货币篮子，即中国外汇交易中心（CFETS）货币篮子、国际清算银行（BIS）货币篮子以及特别提款权（SDR）货币篮子。

第五，加强汇率预期管理。加强汇率预期管理对于保持人民币汇率稳定至关重要。央行要加强与市场沟通，让市场充分了解央行的货币政策意图，引导和管理好市场汇率预期。加快构建外债和跨境资本流动的宏观审慎管理框架，逐步减少准入管理、数量控制等传统外汇管理手段的使用，代之以基于防范系统性风险的宏观审慎管理工具，更多运用无息存款准备金、外汇交易手续费、"托宾税"等价格型工具，抑制短期跨境投机资金大进大出，维持离岸、在岸人民币价差在一定的合理水平。

总体来说，人民币国际化是一个长期的过程，在此过程中人民币汇率制度安排要根据人民币国际化的进程和国内经济金融发展实际进行适当的调整。对人民币国际化而言，人民币汇率制度选择是十分重要的，但不是决定性影响因素。人民币国际化也倒逼人民币汇率形成机制改革，促进人民币汇率制度的完善。无论是对于人民币国际化来说，还是对于中国经济社会发展来说，中国迫切需要稳定的、有弹性的人民币汇率。我们自信能够做到这一点，这种自信来源于中国人民的智慧，来源于我们日益强大的综合国力。

第5章
人民币国际化与离岸金融市场

5.1 战略起点：离岸金融市场的功能

离岸金融市场是在自由化和国际化程度较高的金融管理体制以及优惠的税收制度下，在本国金融体系之外，主要由非居民参与的资金融通市场。离岸金融市场具有两个基本属性：一是非居民性，即离岸市场交易主要与非居民有关，与国内金融体系相对分离；二是以监管宽松、税收优惠为主要内容的特殊制度安排。离岸金融市场具有的独特属性和功能，促进本币在国际上发挥交易、计价、储备等国际货币职能，从而有效推动本币国际化。因此，从某种意义上来说，离岸市场的形成和发展是一国货币逐渐迈向国际货币的起点。

5.1.1 资金池与缓冲功能

离岸金融市场的发展,为一国货币在境外流通提供了便利的场所,有利于资金集聚和风险对冲。作为国际货币交易和投资的场所,离岸金融市场为非居民提供降低交易成本和规避汇率风险的理想场所,吸引非居民在离岸金融市场持有国际货币并形成资金池。与此同时,离岸金融市场作为国际货币自由流动的缓冲区,能够为国际货币发行国处理金融风险性事件,解决制度性难题并积累经验,是货币国际化的试验场,也是国际金融风险管控的防火墙。

5.1.2 流动性创造功能

随着离岸金融市场的发展,越来越多的银行机构参与离岸金融业务,持续不断地为离岸市场提供本币流动性,奠定本币境外循环的基础。通常而言,离岸金融市场的银行机构吸收来自个人和企业等非居民的本币存款后,将其作为初始资金来源,通过发放银行贷款产生派生存款,向离岸金融市场提供新的流动性。经过离岸市场银行体系的运作,形成了离岸市场中本币流动性的循环创造,并通过货币乘数的作用机制,为境外本币交易、投资提供充足的流动性,推动本币在境外形成循环体系,提升本币的国际地位。但与境内货币创造的过程不同,离岸银行体系在货币创造过程中,不需要向货币发行国缴纳存款准备金而产生资金漏损,这就使其货币创造功能更强、形式更灵活、受到的监管约束更少、市场化程度更高。

5.1.3 全天候市场交易功能

随着本币国际化进程的推进,将会产生大量以本币计价和结算的第三方交易。第三方交易的参与方主要为了追求便利性,大多倾向在离岸金融市场进行交易,客观上需要离岸金融市场突破时间限制和地域限制,实现全天候、全球化的交易,便于为全球各个国家和地区的经济主体提供服务。美元、欧元、日元等主要国际货币在全球主要的国际金融中心均有离岸市场,从而实现24小时连续不间断的交易。随着人民币离岸市场在全球范围内发展壮大,即使我国在岸人民币市场休市,其他地区的离岸金融市场中的人民币仍将继续交易。

5.1.4 磁吸功能

离岸金融市场发展能够吸引周边地区的本币交易和投资活动向离岸中心集聚。从国际货币的发展历程来看,普遍都沿着边境货币、区域货币、国际货币的步骤前进。随着边贸的增加以及本币地位的提高,周边国家通过边贸交易积累了较多的本币,客观上要求通过离岸金融市场进行交易和投资。本币离岸金融市场形成后,会呈现出较强的凝聚力,如同磁铁般吸引周边地区的本币资金参与交易,将"死钱"变为"活钱",促进本币交易日益活跃,辐射范围日益扩大,影响力逐渐提高,功能从贸易和投资货币向国际储备货币发展。因此,离岸市场建设能够强化国际货币的地位。

5.2 前车之鉴：主要国际货币离岸市场发展比较

5.2.1 美元离岸市场发展与美元国际化

美元离岸市场始于20世纪50年代的欧洲美元，即储蓄在美国境外银行、不受美联储监管的美元。20世纪50年代，美国冻结了中国存放在美国银行机构的资金，苏联为防止美国冻结其美元存款，将其转移至欧洲，此后东欧各国也纷纷效仿。1963年，美国开始实施"Q条例"等多项利率限制和资本管制措施，欧洲美元市场出现了许多创新性金融产品和服务，便捷性和吸引力越发明显，发展进入快车道，使美元在美国境外的使用范围和规模迅速扩大。供应充足且应用灵活的欧洲美元为各国政府和大型企业解决巨额资金需求提供了便利，反而提高了美元在国际贸易支付体系中的地位。

离岸金融市场在一定程度上支撑了美元的国际地位。1973年，布雷顿森林体系崩溃，美元在国际货币体系中霸权地位丧失了制度性支撑，但由于美国仍然是超级大国，以及国际金融市场对美元使用的惯性，美元在国际货币体系中的核心地位依旧，其中，美元离岸市场起到了重要的支撑作用。同时，美元离岸市场作为全球最大的离岸市场，融资较为便利且成本低廉，容易满足国际贸易商和投资者以较低成本进行资金交易和融通的需求。美元离岸市场为世界各国的美元储备和石油美元提供了交易和投资场所，美元仍然作为国际资本输出最主要的计价和结算货币，美元在国际货币体系中的核心地位得以长期维持。

"国内境外"的离岸金融中心促进美元国际地位进一步强化。1981年，美国在纽约建立国际银行设施（International Banking Facilities，IBFs）作为境内的离岸金融中心，以应对欧洲美元市场的竞争。IBFs在离岸金融业务方面享受特殊的税收优惠政策和监管政策，但IBFs与在岸市场之间设有防火墙，通过IBFs融得资金必须用于美国境外。通过建设IBFs，扩大了美国金融市场业务，更好地满足了非居民的需求，拓宽了美元投资资金来源和投资渠道，提升了国际投资者持有美元的意愿，为维持美元的国际地位提供了有效支撑。

5.2.2 日元离岸市场发展与日元国际化

日元离岸市场发展过程较为曲折，而相应的日元国际化进程也跌跌撞撞。20世纪80年代以前，欧洲日元市场逐渐兴起，为日本境外的日元持有者提供了交易和投资场所，对日元国际化的起步起到了积极的推动作用。1986年12月，日本设立了东京离岸金融市场（JOM），日元离岸金融业务快速发展，市场交易规模迅速扩大，在国际货币体系中的地位逐步上升，影响力不断扩大。1987年，日元存款占欧洲货币存款中的比重达到历史高位（4.2%）。然而，20世纪90年代以后，随着日本经济泡沫破灭，陷入"失去的十年"，严重削弱了东京离岸市场的发展后劲。

国际收支不平衡制约了日元离岸市场的发展。由于日元国际化更多来自政策推动，经济基础并不牢固，日本经常项目和资本项目的资金流动结构不平衡。在经常项目下，日本作为贸易大国，出口贸易中使用日元的比重远高于进口贸易，日元因顺差持续不断地流入日本境内，难以通过贸易渠道向国际市场输出日元；在资本项目下，日本对外直接投资比重长期偏低，日元作为资本输出货币的规模较小。在经常项目与资本项目都难以输出日元的情况下，离岸市场缺乏稳定，这制约了日元离岸市场的发展。

日本国内金融改革滞后拖累了离岸金融市场的发展。日元国际化的进程快于国内金融改革。1984年，日本开放了资本账户，而直到1993年，日本才开始陆续实施国内金融改革，国内金融市场发展拖累了日元国际化。在此背景下，由于离岸市场的日元利率水平明显低于在岸市场，套利资金在日元离岸市场和在岸市场之间进行"再贷款"游戏①，这种现象在东京离岸市场建立后更加明显。日元套利资金先从管制较为严格的在岸市场流入监管相对宽松的离岸市场，然后通过向日本国内提供离岸银行贷款的方式回流到在岸市场。这种规避日本央行监管的套利行为带有明显"纯往返型"的特征，使日元资金在离岸和在岸两个市场空转、虚假膨胀，无助于提升日元的国际地位，反而阻碍了日元国际化的深入推进。

5.2.3 美元、日元离岸市场发展的启示

从主要国际货币发展历程来看，美元、日元国际化过程中，离岸金融市场起到了较为重要的作用。美元、日元离岸市场发展的成功经验及失败

---

① 东京离岸市场在机制设计上严禁离岸账户内的资金渗透到在岸账户，但并不禁止在岸账户资金流入离岸市场账户。事实上，由于1984年以来日本政府对欧洲日元市场外币和日元贷款的放开，使得在离岸市场的日本银行可以通过将国内资金首先转移到离岸账户，再从离岸账户转移至该银行设在中国香港等地的海外分行，最后通过海外分行向日本境内企业进行欧洲日元贷款的方式，进行所谓"迂回再贷款游戏"其主要目的是规避日本国内严格低效的各种金融管制，特别是"窗口指导"对国内贷款的种种限制。

教训，带给我们以下启示：

第一，离岸金融市场对货币国际化的作用取决于市场制度的设计。欧洲美元市场和国际银行设施作为较为完善的离岸金融市场，在确保国际市场上美元流动性充足的同时，也实现了离岸市场和在岸市场的有效隔离，避免了套利行为对离岸市场发展的干扰，有效支撑了美元在国际货币体系中的核心地位。东京离岸金融市场在成立初期对日元国际化起到了较大的促进作用，但由于日本离岸市场自身制度设计的缺陷，最终沦为资金规避监管的场所，而非真正为推动日元在国际上流通和使用的支撑平台。日本经济泡沫破灭后，日本离岸市场对日元国际化的支持作用愈加微弱。

第二，离岸金融市场发展深度对于货币国际化进程的影响明显。美元离岸市场的交易品种较为丰富，股票、债券等基础性资产以及衍生品工具创新层出不穷，美元的伦敦同业拆借利率（LIBOR）已成为国际金融市场中贷款、债券利率的基准。而东京离岸金融市场仅能实现存贷款功能，市场本身无法提供可交易的金融产品，特别是衍生金融工具创新不足，金融市场流动性较差，难以吸引资金长期停留在离岸金融市场，限制了离岸金融市场发展壮大。

第三，较为完善的在岸金融市场能够促进离岸金融市场的发展。开放、自由、有深度的在岸金融市场是货币国际化的关键，也是离岸金融市场发展的基础，在岸市场发展程度越高，与离岸市场的联通机制就越健全，其越能够增强离岸市场的吸引力。美国十分注重金融市场建设，美国境内金融市场交易便利、成本相对较低，并能为国际交易商和投资者提供多样化的资产选择。很多他国投资者在无法直接投资美国境内市场的情况下，转而投资欧洲美元资产，从而支持了美元离岸市场的发展，强化了美元的国际地位。相反，日本为避免受到日元国际化的冲击，实行内外分离的金融市场制度安排,在岸金融市场相对封闭孤立,离岸金融市场则较为开放自由,在岸市场发展严重滞后于离岸金融市场,离岸与在岸市场的联通机制不健全,离岸市场发展缺乏在岸市场的有效支撑,结果对日元国际化产生不利影响。

5.3 人民币离岸市场发展:以香港市场为例

5.3.1 人民币离岸市场的发展现状

人民币离岸市场为人民币交易、投资等活动搭建了平台,增强了人民币的国际流动性,是人民币国际化不可或缺的支撑。随着我国对外贸易和投资快速增长,人民币离岸市场发展也取得了显著的进步。尤其在2009年跨境人民币贸易结算试点启动后,国际贸易和投资中采用人民币进行结算、计价的比重日益上升,人民币离岸市场发展进入快车道。

目前,全球多个国际金融中心已开展离岸人民币业务,离岸人民币存款、债券发行规模迅速扩大,中国香港、伦敦、新加坡、首尔、法兰克福等地的人民币离岸市场参与主体多元化,产品更加多样化,市场规模明显扩大,形成了各具特色的人民币离岸市场。例如,香港人民币离岸市场最具综合性,以存贷款业务为主,债券发行、资产管理等业务也迅速发展;伦敦是全球离岸人民币现货、衍生品交易的中心;新加坡则是离岸人民币债券发行的重要场所。人民币离岸市场产品逐渐丰富,避险工具不断增多,人民币资产的吸引力日益增强，为境外投资者提供多样化的人民币资产选择，境外投资者可以通过离岸人民币存款、贷款、债券等金融产品，分享中国经济高速发展的成果。

5.3.2 香港人民币离岸市场的发展历程

5.3.2.1 香港发展人民币离岸市场的优势

香港作为高度自由化的国际金融中心，是人民币国际化的"桥头堡"和"试验田"，剖析香港人民币离岸市场的发展得失，能够为人民币国际化提供借鉴。香港在发展人民币离岸市场方面具有天然优势，主要体现在以下三个方面：

第一，较为成熟的金融市场优势。香港作为全球主要的国际金融中心，在基础设施、金融机构集聚、金融监管体系等方面优势明显。首先，香港的支付清算基础设施较为完备。建立了由港元、美元、欧元和人民币四个实时支付清算系统。股票中央结算系统以及债券托管结算机构等单位组成的清算体系，可以进行实时支付、实时结算。其次，全球主要的金融机构在香港均设有分支机构，其业务水平和管理经验都处于国际领先地位，能够快速开展金融产品创新，满足市场交易商和投资者的需求。最后，香港的金融监管机制较为完善。香港虽然没有外汇和资本流动管制，但建立了相对成熟的监测机制和监管体制，并且运作透明高效，这为人民币离岸市场的发展提供了良好的制度环境。

第二，人民币国际化战略的先行先试优势。香港金融市场与内地金融市场联系紧密；同时，香港完全按照国际化的标准进行管理。香港市场比较开放、体量小，与国内市场有一定的隔离。因此，香港是内地推进人民币国际化的理想试验田。通常，香港往往率先开展人民币国际化相关业务的探索实践，成熟后再推广至全球，这种优势是其他国家和地区难以比拟的。

第三，紧靠中国内地的区位优势。香港背靠人民币在岸市场，与内地经贸关系密切，是内地重要的国际贸易窗口和内地金融机构、企业"走出去"的主要平台和通道，这为香港人民币业务发展奠定了现实基础。香港借助这一优势，目前已成为全球最大的离岸人民币业务中心，在规模、深度和广度上均占优势。

5.3.2.2 香港发展人民币离岸市场的历程

随着人民币国际化持续推进，香港人民币离岸市场在人民币离岸信贷、离岸债券、同业拆借等方面进行了有益探索，截至2015年3月末，香港占境外人民币支付的比重超过70%。回顾香港人民币离岸市场的发展历程，大致可以分为三个阶段：

第一阶段从2003年11月至2007年6月，主要开展个人人民币业务。自2003年香港推出存款、兑换、汇款等个人人民币业务以来，明显降低了人民币的持有和交易成本，推动了人民币在香港逐渐普及，中国银行（香港）成为香港人民币业务清算行。2005年，香港金融管理局认可经营人民币业务的银行达到38家，人民币存款账户范围扩大到购物、餐饮、住宿、交通、通信等7个行业。

第二阶段从2007年7月至2010年6月，主要是内地金融机构赴香港发行人民币债券，以及开展跨境贸易和投资人民币结算试点业务。2007年7月，国家开发银行率先在香港发行人民币债券，开启内地金融机构和企业赴香港发行人民币债券的先河。香港的人民币业务逐步从个人拓展到机构，从存款拓展到投资。

第三阶段从2010年7月至今，主要是跨境贸易和投资人民币结算、计价持续扩大。随着中国内地跨境贸易和投资便利化的各项政策措施陆续发布，香港作为人民币离岸市场桥头堡的作用越发突出。2010年8月，国外央行和货币当局、港澳人民币业务清算行、人民币业务参加行可以投资内地银行间债券市场。2011年1月，内地企业和金融机构可以利用人民币开展境外直接投资。2011年8月，跨境人民币结算试点范围扩大到全国。与此同时，香港金融管理局也出台了一系列支持人民币业务发展的配套措施。近年来，人民币合格境外机构投资者（RQFII）、沪港通等人民币资金跨境双向流通机制的推出，为香港人民币离岸市场发展增加了新的活力。

5.3.3 人民币离岸市场发展的不足之处

5.3.3.1 人民币离岸市场发展广度和深度不足

目前，人民币离岸市场承载的流动性规模有待扩大，市场广度和深度不足。以香港人民币离岸市场为例，广度不足表现在：离岸市场的投资主体还不够丰富，业务范围仍受到限制，金融创新产品较少，特别是人民币权益类产品较少，人民币衍生品市场发展明显滞后，境外人民币持有者的投资选择依然不多。深度不足表现在：离岸市场的流动性管理机制有待完善，人民币离岸市场中利率、汇率的波动幅度比较大，有时对境内人民币资金价格产生一定的冲击，市场自我修复能力和稳定性还有待增强。

5.3.3.2 离岸市场与在岸市场套利机制影响其长远发展

离岸人民币汇率形成机制与在岸银行间市场即期汇率有所不同，离岸市场参与者众多，不设中间价和涨跌幅限制，且央行干预较少。因此，离岸市场对各种信息反应更加灵敏，波动性也更大。在岸银行间市场参与者主要是境内金融机构,不能完全反映出市场真实的汇率预期变化。同时,涨跌幅限制也部分屏蔽了信息的完全冲击。在多种因素的共同作用下,离岸与在岸市场容易产生持续时间较长的单向汇差,给套利带来机会。这种套利活动会对在岸市场即期汇率产生冲击,且价差长期存在导致市场误解人民币汇率政策,影响人民币汇率的稳定,驱使资本无序流动,对国际收支平衡带来压力。特别是2009年跨境人民币结算业务启动之初,由于离岸和在岸市场利率、汇率形成机制不同,两个市场的利率、汇率水平并不相同,而离岸市场的自身优势给投机者以套利机会,使得离岸人民币业务中有相当部分以套利为主。尽管目前对境内金融机构有序参与离岸业务进行了规范,套利活动已相对有所减少,但是离岸和在岸市场人民币资金价格不对称的现象仍然存在,这种套利现象还未能从根本上解决。

5.3.3.3 离岸与在岸市场金融风险的隔离机制需要加强

人民币离岸市场的发展,增强了境内外金融市场资金供给者、需求者等各类交易主体与境外金融市场的联系,拓宽了资金离岸与在岸市场之间流动的渠道。如果风险隔离机制不健全,境外金融市场中的信用风险、市场风险、流动性风险等金融风险容易通过交易主体之间的联系以及跨境资金流动,向境内金融市场传播和蔓延,影响境内金融体系的稳定。例如,由于存在信息不对称的现象,境内银行难以准确把握境外贷款主体的资信状况,难以密切跟踪境外客户的经营情况、负债结构等方面的变动情况。当境外企业经营陷入不景气、出现违约行为,境外分支机构所面临的信用风险、流动性风险和资产负债期限错配等风险可能会向境内母行传递。

5.4 多管齐下：促进离岸市场发展支持人民币国际化

人民币离岸市场发展是人民币国际化进程的必然要求，也是助推人民币国际化的重要动力。为此，在推动人民币离岸市场发展的过程中，应当根据人民币国际化战略布局，有步骤、有次序地推动人民币离岸市场发展，将人民币离岸市场发展的长远规划与中资金融机构海外发展战略结合起来，充分发挥人民币离岸市场全球网络关键节点的引领作用，形成境外人民币离岸市场的大通道、大循环体系，有效推动人民币国际化深入发展。具体来看，发展人民币离岸市场可以从以下四个方面着手。

5.4.1 充分发挥中资金融机构的主力军作用

人民币离岸市场建设，离不开中资金融机构。人民币离岸市场给中资金融机构带来了前所未有的历史发展机遇，得以发挥经营人民币业务的基础优势走向国际市场，这也对中资金融机构提出了新的要求。为此，中资金融机构应当抓住这一难得的历史机遇，充分发挥自身优势做强做大。一是充分发挥中资金融机构在经营人民币业务方面的优势，更加广泛地参与国际金融市场竞争。中资金融机构特别是商业银行应当充分利用海外的分支机构、子公司、代理行网络，拓展人民币离岸市场业务，如离岸人民币债券的承销、海外人民币贷款等。二是积极在人民币离岸市场发行各类融资工具，丰富离岸市场的金融产品。中资金融机构可以利用境外融资成本低的优势，发行普通债券、次级债券等获取资金，借助人民币离岸市场获取价格更加低廉的资金，全面提升国际竞争力；同时，利用在境外债券承销、存贷款业务领域积累的经验，创新人民币离岸金融产品和服务方式。三是中资金融机构应成为离岸金融市场利率和汇率的主导者，掌握境外人民币衍生品交易的定价权。充分发挥上海银行间同业拆借市场等对境内外市场利率、汇率的引导作用，通过境内资金价格引导人民币离岸市场资金价格变动，牢牢把握住人民币利率、汇率的话语权。

5.4.2 发挥香港人民币离岸市场的核心作用

随着人民币国际化的推进，中国香港、伦敦、新加坡等地的人民币离岸市场竞争的局面逐渐形成。然而，香港作为人民币离岸市场"桥头堡"，是连通全球人民币离岸市场的关键点。为此，要充分发挥香港国际金融中心的作用，构建以香港人民币离岸市场为核心，主要国际金融中心离岸市场为重要节点的人民币离岸市场体系，继续发挥香港"先行者"的优势，依靠与内地密切经贸往来以及中国内地的大力支持，拓展市场广度与深度，丰富人民币金融产品，增强市场吸引力，将香港人民币离岸市场建设成为离岸人民币的流动性聚集地、融资中心、定价中心和财富管理中心，发挥其集聚、循环和辐射作用，扩大人民币在国际上的使用。

5.4.3 促进离岸市场与在岸市场的并联

离岸市场是在岸市场的延伸和辐射，离岸市场发展离不开在岸市场的基础性支撑，否则离岸市场将会成为无源之水、无本之木。随着人民币离岸市场的发展，作为核心变量的人民币利率、汇率的形成机制将更加复杂，在岸市场和离岸市场的联动性也将日益增强。这客观上需要人民币离岸市场和在岸市场发展并重，促进离岸和在岸市场有效联通，发挥在岸市场的主导作用。因此，在发展离岸市场的同时，继续深化国内金融市场改革，完善金融市场运行机制，畅通离岸市场与在岸市场的资金流通渠道，促进离岸与在岸市场的有效对接，逐步建立多元化、便捷化、规模化的人民币跨境双向流动渠道，形成境内外人民币资金的良性循环机制，逐步实现在岸市场价格引导离岸市场价格的理想模式，为人民币跨境使用提供坚实的后盾。

5.4.4 促进主要人民币离岸市场之间的串联

人民币离岸市场发展是我国在全球范围内进行战略资源配置的重要环节，需要合理布局，以增强人民币离岸市场服务中资企业和金融机构国际化需求的能力，有效提高人民币国际化水平。为此，要按照"一带一路"倡议规划，根据沿线国家和地区的经济金融发展程度采取差异化策略，结合我国对外贸易和投资的情况，有序推动人民币离岸市场发展，对人民币国际网络拓展中的枢纽或战略节点进行重点培育。一方面，加强与相关国家和地区的货币当局、监管部门和金融机构的合作，以互利共赢的理念，共同促进离岸人民币业务发展。根据各个人民币离岸市场的发展状况和金融条件，引导其发挥各自优势，在信贷市场、债券市场、衍生品市场等方面各有侧重，形成在市场结构、参与主体、货币品种、交易产品等方面各具特色的人民币离岸市场。另一方面，加强人民币离岸市场之间的合作，结合各自发展定位,促进各个战略节点之间的联通,保障人民币在各离岸市场之间流动的便利,推进人民币国际网络大通道、大循环体系建设,提升人民币在全球范围内的影响力。

第6章
货币合作与人民币国际化

6.1 货币互换：人民币国际化的"引擎"

6.1.1 认识的误区

货币互换（Currency Swap）是指两个主体在一段时间内交换两种不同货币的行为。货币互换协议是中央银行之间签订协议，它约定在某个时期内，在协议规定的数额内，以本国货币为抵押换取等额对方货币，向两地商业银行设于另一方的分支机构提供短期流动性支持。截至2016年4月，中国人民银行已与34家境外央行或货币当局签署货币互换协议。

然而，由于对货币互换缺少深入了解，在中国人民银行与其他国家和地区签署货币互换协议后,有些人不免担忧。例如,2016年4月,我国与尼日利亚签署了价值388亿人民币的货币互换协议。尼日利亚是非洲最大的石油生产国,其35%的GDP和90%的出口是由石油和天然气支撑起来的,政府2/3的财政收入及90%的外汇储备均来自石油出口。油价暴跌,严重依赖石油出口的尼日利亚经济受到重创,2015年经济增长从2014年的6.2%锐减至2.8%,创1999年以来的最低。油价暴跌导致尼日利亚的外汇储备急剧减少,2015年,该国央行外汇储备已从数年前500亿美元的峰值腰斩至282亿美元,市场对尼日利亚货币奈拉的走势比较悲观,其面临较大的贬值压力。

在国际油价低迷,尼日利亚财政收入萎缩、经济放缓的背景下,货币互换协议的签署引发了忧虑:有人认为,我国与尼日利亚货币互换协议会因奈拉汇率的下跌而遭受损失,这是一笔亏本的买卖;有人认为,此次货币互换协议的风险主要来自于尼日利亚经济状况的恶化,互换协议到期后违约的可能性很高;也有人认为,我国同很多国家签订了货币互换协议,但这些协议形同虚设。这些观点孰对孰错,可以从三个角度来认识货币互换:

首先,货币互换是一种服务于双边实体经济的金融安排,能够提供融资性便利。货币互换既可以在央行之间进行,也可以在商业金融机构之间开展。央行间签署的货币互换协议的初衷是稳定外汇市场,在紧急情况下获得流动性便利。商业性质的货币互换初衷是货币掉期交易,即市场中持有不同币种的两个交易主体,在约定期限内交换约定数量的人民币和外币本金,同时定期交换两种货币利息的交易。无论是央行间货币互换还是商业性货币互换,都有助于各银行为在两地的分支机构提供融资便利,在应对风险和流动需求时,有更多的主动权,能够促进双方贸易发展,避免金融市场不稳定带来的不利影响。

其次,货币互换避开了第三方货币转换,能有效节约汇兑成本。货币互换协议是跨境贸易与投资结算中的"货币转换器",使两国(地区)进行贸易和投资时,不需要使用第三方货币(如美元),而是直接使用本国(本地区)货币来结算。签订货币互换协议后,央行以一定数量的本币作为抵押,获取对方央行等值贷款,并将得到的对方货币注入本国(本地区)金融体系,方便本国(本地区)的商业性机构获得对方货币,为设在对方的分支机构提供短期流动性支持,用于支付从对方进口的商品等。在此例中,人民币与奈拉实现直接互换后,我国与尼日利亚之间的贸易可不再涉及美元转换,当实际动用该协议时,按发起时的汇率来计算应互换的双方金额。当尼日利亚需要使用人民币时,一定期限后归还的本金还是人民币,再加上相应的利息。因此,在货币互换协议的支持下,两国出口企业在跨境贸易中可以获得以本国货币计价的货款,从而能有效规避汇率风险,降低交易成本。

最后,货币互换通常有约定的抵押物,违约概率极低。在签订货币互换协议时,只是设定了整体互换额度,并未进入实际支付。当有特定需要时,才动用该协议,并需要按照协议中所规定的条款,给予资金提供方某种抵押物作为担保。例如,如果协议中规定尼日利亚以奈拉计算的原油作为抵押物,一旦尼日利亚违约,形成对我国的债务,我国可以要求尼日利亚对我国出口原油进行偿还。事实上,绝大多数中央银行都具有较高的信用等级,从1962年5月美联储与法国央行签署全球首个央行间货币互换协议以来,还从未出现过央行货币互换违约的情况。

6.1.2 国际货币互换体系的由来

国际货币互换体系是减少储备货币需求的一个重要手段。从20世纪60年代全球首个双边货币互换协议签署至今,国际货币互换体系经过五十多年的发展,在全球范围内形成了多个国际货币互换体系,包括美联储体系、欧元区体系、瑞士法郎体系以及亚洲和拉美体系。其中,以美联储为中心的美元互换体系、东盟(10+3)的清迈倡议多边化协议、欧盟内部货币互换协议和中国人民银行与其他国家央行签署的双边本币互换协议最具有代表性。

6.1.2.1 美联储为中心的货币互换体系

美联储为中心的货币互换体系以维护美元霸权地位为出发点,选择性地与部分央行建立货币互换关系,在稳定金融市场,遏制金融危机等方面起到了重要作用。其发展大致可以分为三个阶段。

第一,建立阶段。在布雷顿森林体系下,美联储之所以与其他央行签订货币互换协议,其主要目的在于维护布雷顿森林体系,防止美国黄金储备的流失,以维护美元中心地位。美国的马歇尔计划对外提供大量的援助,对内采取低利率,国内资金外流。从20世纪50年代开始,美国国际收支进入赤字状态,对外负债水平迅速上升。1960年10月,终于爆发了第一次美元危机,市场上开始抛售美元,抢购黄金。1961年3月,美国财政部为提升市场对美元的信心,通过外汇平准基金对外汇市场进行干预,但外汇平准基金毕竟有限,为了获得足够多的外汇以支持美元,自1962年3月开始,美联储与多个西方国家央行进行了货币互换。美联储认为国际收支失衡将是短暂的,因此仅将货币互换协议当作权宜之计。

第二，低迷阶段。在布雷顿森林体系终结后，世界迈入浮动汇率时代。进入浮动汇率之初，由于世界货币当局普遍担心浮动汇率制将使汇率经常性、长时间偏离均衡值，货币互换一度成为替代美国外汇储备干预外汇市场的重要工具，当美元承受贬值的压力越大时，美联储货币互换规模也就越多。但这并没有给美联储带来收益，因此，美联储开始放弃通过货币互换干预外汇市场的策略。欧元诞生后，许多欧洲国家货币被欧元取代，美国于1998年底决定，继续保留与邻国墨西哥、加拿大的货币互换协议，中止与其他所有央行的货币互换协议。

第三，复兴阶段。2001年"9·11"恐怖袭击事件之后，为了防止金融市场恐慌蔓延，美联储紧急与欧洲央行、英格兰银行和加拿大央行签订了期限为30天的临时性货币互换协议。美国次贷危机爆发后，美联储自2007年12月起，又陆续与其他多个国家央行签署了双边美元互换协议。美联储通过货币互换，有效缓解了金融市场上美元的流动性需求，在美元在岸与离岸市场上起到了正面的效果，美元基差在货币互换支持下恢复了平稳。

相比较而言，20世纪60年代签署的一系列货币互换协议，是在美元超发、不能兑换相应的黄金而进行的；而2008年金融危机爆发之后签署的货币互换协议，是为了应对危机快速弥补美元流动性不足而进行的。背景虽然不同，但本质相同，都是为了维护美元的国际地位。

6.1.2.2 东盟"10+3"的清迈倡议多边化协议

1997年亚洲金融危机爆发后，许多东亚国家认识到，任何国家很难依靠自身的力量防止危机蔓延，如果仅把希望寄托在IMF等国际金融机构上，往往会带来失望。有效维持金融市场稳定，防止金融危机发生，必须加强区域金融合作，而区域内货币互换是区域金融合作的较好方式。2000年5月，东盟10国与中国、日本、韩国的财政部长在泰国清迈达成协议，创建一个"10+3"框架下的双边货币互换协议网络,即《清迈协议》(CMI)。

然而,在达成协议后的近十年时间里,基本上没有动用过《清迈协议》,在碰到紧急支付情况时,各成员国依靠自身外汇储备来应对。究其原因,主要在于《清迈协议》存在两个方面的缺陷:一方面,协议缺乏灵活性和时效性。《清迈协议》将90%的资金支持与IMF的相应贷款支持挂钩,这种过于依赖IMF的监测机制来防范道德风险的规定,导致使用审批程序较为繁琐,缺乏必要的灵活性。《清迈协议》成员国需要资金时,要通过多轮双边谈判才能获得资金,这导致时效性不足。另一方面,《清迈协议》资金池不大,每个成员国能够获得的资金规模比较小。

为了克服上述缺陷,东盟"10+3"于2009年将《清迈协议》的资金规模扩大至1200亿美元,同时,把一系列的双边互换协议转变为多边化、自我管理的储备库。2010年,《清迈协议》多边化机制正式生效。2014年,东盟"10+3"进一步对《清迈协议》进行了修订,货币互换资金规模将从1200亿美元增至2400亿美元,在发生金融危机的情况下可以迅速实现救助。新协议中,成员国出资额均翻倍,其中我国和日本各出资768亿美元,加上韩国,三国出资总额占全部的80%。在金融危机发生时,资金援助规模从资金池的20%增至30%,并且在紧急情况下无须取得其他成员国同意,各国只需要支付手续费,就可随时提取事先设定好的外汇资金。

《清迈协议》是亚洲区域货币合作中重要的制度性成果,它在稳定亚洲货币体系、信用体系和投融资合作体系,防范金融危机,推动本地区经济发展方面具有十分重要的意义。

6.1.2.3 欧盟内部的货币互换协议

2008年,随着美国金融危机传导至欧洲,部分欧洲国家也陷入了流动性短缺。为缓解市场流动性紧张局面,欧洲中央银行除了与美联储、加拿

· 113 ·

大央行、日本央行等建立了货币互换协议外,在欧盟内部也达成了一系列双边货币互换协议。这些货币互换协议有的是欧洲央行与非欧元区国家央行之间签署的,有的是两个非欧元区国家央行之间签署的。例如,2008 年,冰岛在拉响经济危机警报时,冰岛央行分别与丹麦、挪威、瑞典三个北欧国家央行签署了双边欧元互换协议;同年,匈牙利在出现经济危机时,分别与欧洲央行及瑞士央行签署了双边欧元和双边瑞士法郎的货币互换协议。

6.1.2.4 中国人民银行与其他国家央行签署的双边货币互换协议

中国人民银行进行的货币互换协议始于《清迈协议》,第一个正式协议始于 2001 年 12 月与泰国央行签署的中泰两国之间的双边互换协议。2008 年之前,我国签订的货币互换协议主要是在《清迈协议》的指引下进行的,均以美元计价。2008~2011 年,我国分别与韩国、中国香港、马来西亚、白俄罗斯、印度尼西亚、阿根廷、冰岛及新加坡签订了总额达到 8035 亿元的货币互换协议,这一轮的货币互换协议主要是在 2008 年金融危机爆发的背景下,为了规避金融危机导致的流动性不足而签订的,协议中以人民币作为计价货币。用美元计价的协议和用人民币计价的协议具有完全不同的意义,它象征着在我国货币互换历史上人民币第一次正式走出了国门。2011 年之后,随着人民币国际化进程加快,在资本项目没有完全开放的背景下,为了增加境外人民币的可获得性,中国人民银行与其他国家央行签署的双边本币互换协议驶入快车道。

6.1.3 货币互换之"引擎"作用

货币互换除了有利于规避汇率波动、促进外贸发展、维护金融市场稳定、防范金融风险外,还有利于人民币"走出去",发挥国际货币职能,是人民币国际化的重要"引擎",具有深远的意义。

第一,有利于发挥人民币国际计价、交易、结算和投资货币职能。我国在推进跨境贸易发展中,需要更多的人民币资金走出国门。中国人民银行与其他国家和地区的中央银行进行货币互换,有利于增加境外人民币数量。在货币互换中,多为其他国家和地区中央银行借入人民币用于与我国的贸易结算,而中国人民银行在货币互换中持有的外币多为质押品。随着与我国进行货币互换国家和地区的增多,跨境贸易中以人民币作为计价、交易和结算货币会增多,跨境人民币投资也会增多,这必将推进人民币国际化的深层次发展。

第二,有利于人民币成为国际储备货币。如果同某国(地区)签订无限期的货币互换协议,该国(地区)获得人民币资金,既可以直接用来支付从中国进口的产品,也可以用来支付愿意接受人民币国家对该国(地区)的出口;既可以用来弥补该国(地区)对中国的贸易逆差,也可以用来弥补该国对愿意接受人民币国家的贸易逆差等,这将增加该国(地区)将人民币作为本国外汇储备的可能性。

第三,有利于促进离岸人民币市场的发展。建设好离岸人民币市场对人民币国际化发展至关重要。发展境外离岸人民币市场,需要所在国家(地区)有较多的人民币存量。近年来,在跨境贸易结算的带动下,我国离岸人民币市场蓬勃发展,在这过程中,难免有时会出现流动性短缺问题。随着中国人民银行与他国(地区)央行货币互换规模不断壮大,能带动更多人民币"走出去",这不仅能为人民币离岸市场的发展提供流动性支持,也能解决离岸人民币市场上可能出现的暂时性资金短缺问题,为人民币离岸市场发展提供源源不断的"活水"。

第四,有利于提高人民币的国际地位。与我国进行货币互换的国家和地区具有多样性，有的与我国签署了自由贸易协定，有的与我国仅存在贸易和投资关系；有的是第三世界国家和地区，也有的是发达国家和地区。中国人民银行每次与这些国家或地区进行货币互换都具有宣示效应，能提升人民币在国际货币体系中的地位。通过货币互换协议，使包括世界主要经济体在内的更多外国中央银行将人民币纳入借入储备篮子，赋予人民币国际清偿力的职能，有利于提高人民币的国际地位。例如，英镑和欧元本身具备一般国际货币职能，中国人民银行与英格兰银行和欧洲中央银行进行的货币互换，表明英国和欧元区也需要人民币。

第五，有利于人民币国际化进程。很长时间以来，美国一直通过贸易赤字向全球输出美元。而我国不同，目前并不具备通过贸易赤字输出人民币的条件。多年来，我国一直是出口导向型经济，贸易顺差为增加就业做出了突出贡献。现在我国正处于经济转型关键时期，一旦进口远大于出口，我国将失去大量的工作岗位，这会带来失业增加、设备闲置和产出下降。我国高储蓄导致储蓄与投资缺口，形成经常账户顺差，中国通过贸易逆差向境外提供人民币渠道行不通，人民币输出则主要通过对外投资来实现，而对外投资形成对方国家对外净负债，不能转化为对方国家大量稳定的外汇储备积累，因而较难形成对人民币资产的大量稳定需求。在我国贸易顺差和国际债权国地位还需要持续存在的时期内，向国际金融市场输出人民币的有效途径之一，就是与更多国家的中央银行签订货币互换协议。货币互换协议签订后，如果方法得当，推动落地措施得力，流出海外的人民币规模会越来越大，范围会越来越广，认知度和接受度会越来越高。不同的货币互换中承担了不同的功能角色。例如，我国与马来西亚和印度尼西亚的货币互换协议中，主要用于双方的商业贸易结算；与韩国的货币互换协议，主要是方便韩国在中国的企业进行融资；与白俄罗斯进行货币互换协议，主要是将人民币作为储备货币。从应急救助性质的宏观流动性管理工具到跨境贸易中的新型融资渠道，中国人民银行在创造性地改造传统货币互换协议功能的同时，也在探索着未来的国际金融新格局。

6.2 松动的皮带:"引擎"空转之困

6.2.1 落地之困

与美联储的货币互换目的不同，中国人民银行与多个经济体签署货币互换协议，还赋予人民币国际结算等职能，旨在提高人民币的国际化程度和国际地位。2015年底，中国人民银行已与30多个国家签署了数额超过3.5万亿元的货币互换协议。然而，在诸多因素制约下，人民币的互换协议签署后，这具有为企业跨境贸易提供规避汇率风险等天然优势的货币互换模式在实际操作中却面临着诸多"看不见的门槛"，迟迟无法"落地"，推动人民币国际化进程的重要"引擎"长期"空转"，不能发挥应有的动力，其主要原因有以下四方面：

第一，受货币使用惯性的影响，境外使用和持有人民币的意愿不强。我们的货币互换有双重目标：紧急救助目标和便于投资目标，其中便于投资目标是我国推动倾向互换协议的重点。然而，与我国签署货币互换协议的一些国家和地区，由于市场经济较不发达，因此常常出现外汇管制的情况，本应更有动力使用人民币互换协议等机制来增强其国际贸易能力。但是，这些国家和地区常常因为金融调控能力不强，金融市场和汇率经常大幅波动，导致在对外经济活动中长期依赖于其他国际货币如美元，这种情况在短期内难以改变。

第二，缺乏良好的动用机制。要使用好人民币互换资金，需要设计一套科学的动用机制。对于市场参与者来说，建立一套清晰的市场操作准则，能够促进整个市场的良性发展。虽然中国人民银行有规定关于货币互换下的人民币跨境贸易结算政策，但在具体操作中，需要详细的操作规则，商业银行内部也需要设置相应的机构和操作流程。国内很多商业银行没有进行过货币互换下的人民币结算业务，对货币互换缺少深入了解。在业务不熟悉、交易规模不大的情况下，商业银行从成本收益角度考虑，没有较高的热情去推动。动用机制的缺失、信息的不对称、市场主体的不了解使货币互换协议不能与市场需求有效对接，中国人民银行签订的大量货币互换协议仍然处于"休眠状态"，货币互换渠道实现的人民币名义供给规模与国外实体部门的真实需求之间存在着较大的差距。

第三，目前人民币利率水平相对较高，资金成本因素降低了境外机构使用人民币互换资金的需求。受金融危机的影响，欧洲国家、美国、日本等发达经济体的量化宽松政策导致全球的资金成本都比较低，甚至出现负利率。通常，在境外的本币流动性不足、离岸本币利率高于在岸利率时，境内的本币发行可通过与境外央行进行互换的形式向境外输出本币流动性，从而实现缓解境外本币流动性不足和压低离岸本币利率的目的。目前我国在岸的人民币利率水平在大部分时候高于离岸人民币利率，这为中国人民银行通过货币互换形式向境外输出流动性设置了障碍。同时，只有通过货币互换获得的对方本币融资成本小于市场融资成本的前提下，才能增强货币互换的吸引力，充分发挥货币互换的功效。在双边贸易与投资中使用互换人民币不具有明显的成本优势，也在一定程度上抑制了市场主体使用人民币互换资金的需求。

第四，金融体系欠发达影响了人民币互换资金的使用。目前只有新加坡、韩国等少数地方使用过货币互换协议。从启用协议的地区来看，它们的共同特征就是金融体系比较发达。由于货币互换协议的具体使用涉及大量的金融货币制度安排以及风险对冲管理，操作中必须通过完善的清算机制与商业银行对接。因此，比较发达的金融体系能够提供较好的市场化对接机制。许多真正需要使用人民币互换资金的国家和地区，由于缺乏相对成熟的金融体系支撑，并且在境外人民币支付清算体系不完善的情况下，其需求得不到满足。

6.2.2 解决之法

要开好人民币国际化这辆车，必须充分发挥货币互换这台"引擎"的功能，使货币互换协议落到实处，可以从四个方面入手：

第一，拓宽"引擎"的功能。提高货币互换工具的使用效率，需要充分挖掘境外市场主体的实际需求，提高市场主体的使用愿望。宏观层面，可通过改进与货币互换对方央行的协商合作机制，延长互换有效期限，灵活互换安排，逐步扩大人民币计价结算范围，推动人民币直接投资。微观层面，要拓宽货币互换协议在微观商业领域内的实际功能，鼓励国内银行与境外机构建立代理行关系，发挥银行体系的中介和枢纽作用，创新人民币互换协议资金的存放和结算模式，为双边乃至多边贸易发展提供多元化的金融服务和产品，促进人民币的贸易计价和结算。

第二，优化货币互换协议资金的使用流程。通过建立和完善相应的配套措施，在中央银行间货币互换后，将得到的对方货币注入本国金融体系，本国商业金融机构再将这些资金运用到有使用需求的客户上，用于支付从对方进口的商品。中国人民银行要制定具体的申请使用流程，方便商业银行申请资金注入。商业银行要制定具体的客户使用指引，优化操作流程，更便捷地将互换货币运用于贸易和投资，切实提高货币互换资金的使用效率。

第三，进一步完善利率定价机制。货币互换建立在央行信用基础之上，并且以对方货币作为抵押品，风险溢价低，因此，利率设定也应尽量较低，使互换利率在不同地区的市场上均具有一定的吸引力。同时，也要监测货币互换对境内市场流动性扩张的影响，防止市场扭曲和套利行为。互换利率应略高于国内银行间市场的融资利率。在具体协议中，还可通过灵活的互换安排，有条件地降低互换资金利率，使货币互换在人民币国际化的进程中发挥更实际的作用。例如，可考虑将对方中央银行接受人民币计价开展的跨境贸易结算、进行原材料等大宗采购作为条件，降低对方使用互换资金的付息水平。在央行层面互相接受双边贸易形成的贸易融资票据的再贴现，构建一个资金流向实体经济的低利率通道等，吸引企业使用货币互换资金。

第四，完善跨境支付等基础设施建设。在岸和离岸的人民币池子都建设好了，池子的水也满了，但池子的水要流动起来，要成为活水，这就必须用水渠把两个池子连接起来，让水可以来回流动，这个水渠就是跨境支付设施。要推动离岸人民币市场发展，就要建设好跨境支付通道，打通国际金融体系内的"人民币经脉"，推动跨境贸易、投资使用人民币结算、计价，增强境外主体使用和持有人民币的愿意，为"激活"货币互换协议功能创造条件，扩大人民币互换资金的使用需求。

6.3 推动"引擎":完善以人民币为中心的货币互换网络

6.3.1 货币互换网络新趋势

货币互换工具是央行之间进行国际金融合作并管理流动性问题的重要工具。近年来,在全球经济、贸易出现区域化联盟之后,各国中央银行之间的货币互换协议签署更加频繁,这种以货币互换网络为基础的金融结构正成为一种新趋势,即"货币互换联盟"。

2011年11月,为市场注入美元流动性、维护美元资产的信心,美联储与加拿大、英国、瑞士、日本和欧洲央行首次搭建"临时美元流动互换机制",2013年10月,美联储与加拿大、英国、瑞士、日本和欧洲央行再次启动美元互换机制,将之前的临时双边流动性互换协议转换成长期货币互换协议。根据美联储公告,这些互换协议在六个国家和地区央行间建立起了"双边货币互换网络",一旦签订双边互换协议的两家央行认为当前市场状况需要进行货币互换,那么有流动性需求的央行就可以按照协议规定获得来自其他五家央行的五种货币流动性。该协议意味着,一个以美联储为中心、主要发达经济体央行参与的排他性超级国际储备货币供求网络已经形成。在这6家央行内部,以美元为中心的货币互换机制长期化,美联储将充当稳定流动性的角色,成为欧盟、日本、英国、加拿大、瑞士央行的最后贷款人。新兴市场国家不能参与互换网络，为了建立强大的防御系统，必须增加外汇储备，从而使得新兴市场国家增加对美元储备的需求，更加强化了美元地位。

美国正在重新构建一个应对新兴经济体货币崛起的新的货币联盟，试图在制度上改变国际货币体系，这个货币互换网络联盟实际上已把发达经济体的货币供给机制内在地整合在一起，必将对未来国际金融格局产生重大影响。通过创建双边美元互换协议，在这个排他性的超级网络内部，美联储成功扮演了最后贷款人角色：美联储以某种货币作为抵押品向某中央银行提供贷款；某中央银行又在自己辖区内通过美元拍卖的方式提供资金。美联储通过双边美元互换机制间接地为某银行融资，能缓解其流动性压力，降低融资展期风险，增强融资成本的可控性，从而降低外国金融机构在融资紧张时抛售美元资产的必要性，避免投资者因为信心受损而导致抛售美元的羊群行为，有利于维护美元汇率的稳定，巩固美元的霸权地位。

美元的货币互换网络是美国全球战略调整的一个组成部分。"冷战"时代虽然已经结束，但"划圈子"思维模式仍然根深蒂固，美国经常会思考"谁是敌人，谁是朋友"，然后在军事、经济等领域树立假想的敌人。美国货币网络的划分标准不仅是出于经济金融角度考虑，还出于非经济、非金融的政治原因。金融权力是美国国际权力体系的核心：与其关系好的建立货币互换网络；与其关系不好的采取金融制裁。该互换网络的构建也配合了美联储量化宽松政策的退出，国际资本流行的"做多发达市场、做空新兴市场"的交易策略，在"大西洋体系"构建之后成为现实。从这个角度来讲，美国货币互换网络也是美国全球战略布局调整的重要组成部分。

6.3.2 比较优势

央行之间货币互换,是基于互换优势而衍生的。相对于美联储的"货币互换联盟",人民币货币互换的比较优势体现在以下方面:

第一,互换国家的数量优势。人民币货币互换虽然在规模上不及美国的货币互换,但是在对象和国家数量上已经超过美国货币互换参与的国家数量。从长远来看,只要运用恰当,这种数量的优势可以转化为促进我国贸易和投资的基础,符合满足国际社会大多数国家需求和利益这一大方向,有利于推动国际货币体系合理化发展。

第二,海纳百川的非排他性优势。美国在选择货币互换对象时,非常的挑剔,美联储所构建的货币互换网络,没有金砖国家,也没有其他的新兴市场国家。人民币货币互换打破了以美元为核心的货币互换网络的排他性,与我国具有紧密贸易和投资关系的国家和地区、与我国签署了自由贸易协定的国家和地区、外汇储备相对不足的国家和地区等,都有可能成为与我国进行货币互换的对象。这符合国际货币多元化发展的客观规律,有利于人民币在未来国际货币体系中承担更大的责任,发挥更大的作用。

第三,推进改革的原动力优势。尽管美国仍然垄断国际货币金融规则的制定权和话语权,但新兴市场国家在原有体系之外建立的互补兼竞争性机制,影响力必将逐步扩大,并形成一股新的力量,促使国际货币体系朝着有利于新型经济体的方向进行改革。中国人民银行的货币互换与我国积极推动成立的金砖国家开发银行、亚洲基础设施投资银行、丝路基金等相互呼应、相互配合,成为推动国际金融体系改革的重要力量。

美联储主导的美元互换、中国人民银行与其他国家央行的货币互换等都属于国际货币体系改革进程中的过渡性措施,并不能解决当前国际货币体系存在的所有问题,央行之间的货币互换快速发展,也进一步说明在全球建立更加广泛的合作机制变得非常必要和迫切。如何建立符合更广泛利益的国际货币体系新秩序,将成为未来全球治理的重要内容之一。

6.3.3 建立和完善以人民币为中心的货币互换网络

人民币国际化之路要走得更远,就必须持续不断地向境外提供流动性。因此,在今后相当长的时间内,我国仍需要通过货币互换这条渠道,扩大人民币的流出规模与使用范围,向国际市场提供人民币流动性。全球货币互换网络新趋势将对未来的国际金融格局产生重大影响,也给我国的经济金融安全带来挑战。在全方位对外开放中,我们需要建立和完善以人民币为中心的货币互换网络,缓解国际金融机构短期流动性需求压力,防范国际金融危机的跨境传染风险,降低互换国央行积累外汇储备的必要性,促进国际贸易发展和国际金融市场繁荣。

第一,建立"一带一路"沿线国家货币互换网络。配合"一带一路"倡议,积极与这些国家签订长期性的货币互换协议,在"一带一路"沿线国家和地区范围内,形成一个比较长期、相对稳定的货币互换网络。以疏通人民币互换渠道为重点,由短期互换措施向长效机制转变,由单一的应对金融危机的常备措施向兼顾维护金融稳定和促进贸易投资便利化的金融工具转变,由被动抵御金融危机不利影响、承受发达经济体风险外溢成本,向主动制定游戏规则、扩大多边经济金融合作、保障自身发展权益和促进实体经济发展的目标转变,进一步推动人民币国际化。

第二,建立可自我强化的货币互换制度。货币互换机制设计得越好,其吸引力就会越强,就越能吸引更多的成员国参与网络,越能延伸和扩大我国对外提供人民币流动性的地域范围。这个网络就有了自动强化的机制,就会变得越来越大,越来越强。即使人民币互换不能全部转化成现实的交易,但一定能扩大人民币在这些国家的影响力,当美元、欧元等出现较大的汇率波动风险时,市场主体就会主动选择人民币作为计价和结算货币。

第三,完善货币互换协议的配套机制。配套机制的完善,有利于提高人民币跨境使用的流动性。要推动人民币离岸市场和海外清算中心建设,不断丰富以人民币计价的金融衍生品,提升人民币可兑换程度和持有收益,为人民币体外良性循环和存量积累构筑坚实的基础。要科学制定人民币互换协议利率,商业银行对于利率与抵押品范围较为敏感,较高的利率和较为严格的可接受抵押品要求会抑制商业银行对互换资金的需求,可通过拍卖形式进行资金分配,降低货币互换工具的境内外利差,避免套利资金的无序流动。要进一步完善由市场决定的人民币汇率形成机制,有序、平稳地开放资本项目可兑换,拓宽人民币双向流动渠道,增强境外主体对持有人民币的信心。

第四,积极构建人民币互换基金池。在人民币"一对多"的互换、清算系统中,建立互换资金池有利于推进清算功能的发展。在直接的双边结算融资中,要鼓励围绕以人民币国际化为中心,实行间接的双边互换。其他国家与地区的央行的人民币互换资金分配机制设计应与中国人民银行保持协调,中国人民银行可要求其他国家和地区的央行保持一定的信息披露以确保互换资金按协议中规定的用途使用。

第五,积极与美国开展对等的货币互换。目前,我国拥有较多的美元外汇储备,如果与美国直接开展货币互换可以减少对美元外汇储备的需求。与美国开展对等的货币互换有利于国际金融体系的稳定,有利于提高人民币的国际地位。

第六,在货币互换网络建设中防控风险。要评估潜在互换对象国的宏观政治经济状况和货币政策审慎程度,对于政局不稳定、主权债务违约风险较高的国家,可不考虑或延期与其建立互换安排。要建立并完善人民币互换协议执行情况的统计监测体系,实现中国人民银行、商务部、海关等部门的信息共享,并根据资金流向和用途的动态变化,有的放矢地调整货币互换协议的规模和使用方向。

第 7 章
支付清算体系与人民币国际化

跨境支付清算是指两个或两个以上国家、地区之间因国际贸易、国际投资及其他方面所发生的国际债权债务,借助一定的结算工具和支付系统进行清算,实现资金跨国和跨地区转移的行为。

对于人民币国际化而言,跨境支付清算体系就是人民币资金跨境流动的"国际公路"。跨境人民币资金能否进出自如、能否跑得快、能否跑到目的地,关键在于有没有路可行、路好不好走、路网发不发达。跨境支付清算体系这条公路等级如何,直接影响人民币国际化进程。

7.1 车流与路:呼唤现代化的跨境支付清算体系

最近这些年,交通拥堵现象非常突出。无论在城市,还是在乡村,拥堵成为常态。为什么会出现交通拥堵,原因很多,这其中最主要的原因就是买车的人越来越多,造成车流不断增加,而道路却没有多大改善。路还是原来的路,但跑的车多了,堵车的概率就高了。解决交通拥堵问题,要么限行,要么修路。当然,限行只是权宜之计,长远来看还是得修路。人民币跨境支付的资金流就好比现在的车流,随着人民币国际化的推进,跨境支付的"车流"将会越来越大,靠"限行"是不太现实的,唯有"修路"才能解决"交通拥堵、车速过慢"的难题,这条公路就是人民币跨境支付体系。

自跨境人民币业务启动以来,人民币跨境支付地位明显提升。根据SWIFT的统计,2011年12月,人民币跨境支付额占全球跨境支付总额的0.29%,在全球各币种中排名第17位;2016年8月,人民币跨境支付额已升至全球第5位,占全球跨境支付总额的1.9%,人民币已成为中国第二大跨境支付货币和全球第五大支付货币。

伴随着人民币支付业务和结算业务的快速增长,越来越多的金融机构采用人民币作为支付货币,人民币在国际上被接受的程度迅速提高。人民币跨境支付的快速发展,对金融基础设施的要求越来越高,迫切需要有高效、便捷的跨境支付清算体系予以支撑。

作为重要的金融基础设施,安全高效的跨境人民币清算体系,便于人民币在境内外同时交易、境内外投资者同时持有。此外,统一的、完善的清算体系有利于加强对跨境资金流动的监测,增强我国货币调控的针对性和有效性。从长远来看,在人民币国际化进程中,跨境人民币清算体系建设对中国人民银行掌握主导权、维护国家利益、保证国家金融安全起到了积极促进作用。

第7章 支付清算体系与人民币国际化

7.2 大路行天下：主要国际货币跨境支付清算系统比较

美元、欧元和日元能够成为主要国际货币，与其拥有成熟的本币跨境支付清算系统密不可分。研究主要国际货币跨境支付清算模式，对于建设人民币跨境清算支付系统具有很强的借鉴意义。

7.2.1 美国清算所银行间支付清算系统

美元跨境清算主要通过纽约清算所银行同业支付系统（CHIPS）完成。CHIPS 由纽约清算所协会运营，承担美元跨国清算业务量目前已超过 95%。CHIPS 主要采用多边和双边净额轧差机制，实现实时全额清算和多边净额清算。CHIPS 系统包括参与机构和非参与机构，其中，符合条件的商业银行可以成为 CHIPS 参与机构；非参与机构则以参与机构为代理，通过 CHIPS 进行支付。CHIPS 要求参与机构在美国设立存款类分支机构，并要求其满足一定的初始头寸需求。CHIPS 系统可以通过联邦电子资金转账系统（Fedwire）实现与国内支付系统对接。Fedwire 是美国最主要的大额支付系统，由美联储拥有并运营。纽约联邦储备银行为参与机构开立 CHIPS 账户（预存款余额账户），参与机构通过 Fedwire 将初始头寸资金划入 CHIPS 账户。当日结束有贷方余额时，CHIPS 将通过 Fedwire 返还给参与机构，账户余额由此自动清零。

7.2.2 日本全额实时清算系统

1980年,日本建立了大额支付系统——外汇日元清算系统(FXYCS)。FXYCS参与者主要包括直接参与者和间接参与者。境外金融机构不能直接加入FXYCS,而只能通过日本境内的代理开户办理日元清算。FXYCS主要功能是用来处理外汇交易、证券交易以及国际贸易中的日元支付清算。随着日元国际化进程的推进,日本银行在FXYCS和第一代BOJ–NET系统的基础上,推出了第二代BOJ–NET系统,并把FXYCS纳入其中。第二代BOJ–NET FTS参考了美元CHIPS和Fedwire系统之间的关系,其最大特点是通过引入排队和撮合账户,实现了流动性节约机制。在第一代BOJ–NET系统中,直接参与机构需要开设两个账户(主账户和SPDC账户),其中主账户主要用于办理支付结算,SPDC账户主要用于日元债券质押。除允许直接参与机构开立主账户和SPDC账户外,第二代BOJ–NET FTS还允许直接参与机构开立排队和撮合账户。通过该账户,支付指令都会在排队之后进行实时的双边撮合,还能多次进行多边撮合。

7.2.3 欧元自动实时收付系统

欧元跨境支付系统主要包括欧洲银行业协会的EURO1系统和泛欧自动实时全额结算快速转账(TARGET2)系统。EURO1系统由欧洲银行业协会成立的EBA清算公司管理和运作。EURO1系统是净结算系统,系统参与者最后的头寸通过TARGET2进行中央银行货币清算。TARGET2系统是一个分布式系统,由欧洲中央银行的支付机构(EPM)、实时全额支付系统

(RTGS)和连接系统组成。这个连接系统主要功能是把各国 RTGS 数据格式与互联标准数据格式进行转换,从而把各国 RTGS 和 EPM 连接起来。EURO1 系统的参与银行机构来自所有欧盟成员国和部分非欧盟成员国,清算指令通过 SWIFT 网络送达 EURO1 系统处理中心。

7.2.4 人民币跨境支付系统

人民币跨境支付系统(Cross–Border Interbank Payment System,CIPS)分两期建设,首期建设于 2012 年。2015 年 10 月 8 日,CIPS 一期正式上线运行。CIPS 的建成运行,不仅是我国支付清算系统建设的里程碑,也是人民币国际化进程中的标志,对人民币"出海扬帆"提供了重要的基础设施保障。

CIPS 是在整合原有的人民币跨境清算渠道和资源的基础上,旨在为境内外金融机构人民币跨境和离岸业务提供资金清算、结算服务,以进一步提高人民币跨境支付的清算效率。在结算方式上,首期主要采用实时全额结算方式,二期采用更为节约流动性的混合结算方式。相比较而言,CIPS 二期可以有效提高人民币跨境和离岸资金的清算、结算效率。

CIPS(一期)由跨境银行间支付清算(上海)有限责任公司负责运营。该机构成立于 2015 年 9 月 8 日,是公司制企业法人,主要负责 CIPS 系统的运营维护、参与者服务、业务拓展等工作。

CIPS 参与者由直接参与者、间接参与者以及境外直接参与者资金托管银行组成。其中,符合条件的境内外银行机构、清算机构和结算机构可以成为直接参与者,可以直接开立 CIPS 资金账户,并可以通过专用网络或通用网络传输,向 CIPS 发送和接收支付指令。间接参与者没有在 CIPS 中开立资金账户，但可以委托直接参与者办理人民币跨境支付业务，通过直接参与者向 CIPS 发送和接收支付指令。境内商业银行可以作为境外直接参与者资金托管银行，为境外直接参与者开立资金存管账户并提供资金存管服务。CIPS 首批直接参与者 11 家中资银行以及 8 家在华外资银行。此外，还有 38 家境内银行和 138 家境外银行作为间接参与者同步上线。

CIPS 与大额实时支付系统（HVPS）连接，支持境内直接参与者的资金调拨等业务；与中国外汇交易系统连接，支持外汇市场的人民币资金结算业务；与债券结算系统连接，支持质押融资、质押担保等业务。

CIPS 采用实时全额结算和定时净额结算。对加急队列业务，采用实时全额结算，主要针对被借记行资金账户可用头寸不足时，提供排队处理机制。对普通队列业务，采用定时净额结算，轧差结果提交加急队列进行结算。

CIPS 设置了借记上限，以此控制普通队列中净借记轧差结果，防止发生因头寸不足而产生流动性风险。借记上限通过轧差质押品和保证金共同决定。

7.2.5 主要启示

相比之下，美元、日元、欧元跨境支付系统对人民币跨境支付系统建设具有十分重要的借鉴意义。其主要启示如下：

第一，从资金结算方式上看，实时净额清算，资金周转效率高。例如，美元 CHIPS 采取多边连续实时差额结算，欧元采取多边净额但非连续实时（EURO1 系统）或者实时全额（TARGET2 系统）清算，日元 BOJ－NET 系统采用实时全额清算。在 CHIPS 中，1 美元的头寸可以支持 500 多倍的清算

第 7 章　支付清算体系与人民币国际化

量。CHIPS 要求 35 亿美元的起始头寸，可以实现 2 万多亿的清算量。

第二，从业务系统运行上看，境内清算业务与跨境清算业务相分离，便于控制清算业务风险。例如，日元 FXYCS 虽已纳入 BOJ – NET 系统，但跨境资金的汇划指令仍要通过 FXYCS，跨境交易与国内交易相对独立。美元的跨境结算业务主要在 CHIPS 中处理，境内美元清算业务主要通过 FIRDWIRE 系统完成，CHIPS 通过 FIRDWIRE 系统实现与国内大额支付系统对接。

第三，从资金与信息的传递方式看，资金划拨和跨境信息传输既可以相对分离也可以依托同一系统处理。例如，美元 CHIPS、欧元 TARGET2 系统，同时包含信息传送和清算功能。日元 BOJ – NET 系统、欧元 EURO1 系统具有资金划拨功能，跨境信息传递均采用 SWIFT。相对而言，SWIFT 是目前国际上应用最广泛的跨境交易信息传递系统，其信息传递成本较低且便于银行国际业务统一处理。因此，在跨境支付系统建设中，即使不完全依托 SWIFT，也应充分考虑信息能与其顺利高效转换，以增强货币清算的国际适应性。

第四，从风险控制上看，风险控制机制完善，交易过程安全。例如，美元 CHIPS 采用金字塔型的代理结算结构，只有符合条件的国际性大银行才能够成为直接参与机构，小银行只能通过大银行以代理模式加入该系统。CHIPS 采用清偿责任共担机制，一旦日终结算出现清偿问题时，如果找不到代理清算行，则视为该银行倒闭，清偿责任由成员银行共担，从而保证每天清算业务正常运行。

第五，从系统运营时间上看，处理时间全球化，满足各国清算要求。例如，CHIPS 运行时间从美国东部时间晚上九点到第二天下午五点，运行时间达到 20 小时，基本上可以满足全球不同时区对美元清算的要求。欧元

TARGET2 系统每天运营 11 个小时，还有夜晚窗口，EURO1 系统运营 8 小时 30 分钟；日本 FXYCS/BOJ – NET 系统运营时间为 10 个小时。

7.3 不断拓展的路：人民币跨境支付清算模式

目前，跨境人民币清算主要有三种模式：境外清算行模式、代理账户行模式以及人民币 NRA 账户模式，依托系统是中国人民银行大额支付系统、各银行内部系统以及 SWIFT 报文传输系统。

7.3.1 境外清算行模式

在部分离岸人民币业务发展较快的境外国家和地区，经中国人民银行和当地金融监管部门（货币当局）认可，指定当地一家或几家金融机构，为该地区提供人民币结算和清算服务。2003 年、2004 年起，中国银行（香港）有限公司和中国银行澳门分行作为港澳地区人民币业务清算行，分别在中国人民银行深圳市中心支行和珠海市中心支行开立了人民币清算账户，成为中国人民银行跨境支付系统的直接参与者，与境内银行传递清算信息，进行跨境人民币资金的划拨。以港澳清算行为例，清算行模式的主要操作步骤如下：

第一，港澳清算行与内地现代化支付系统对接。港澳清算行在中国人民银行开立清算账户，以直接参与者身份接入内地现代化支付系统，具备与内地银行机构办理人民币资金汇划业务的能力。

第二,境外商业银行与港澳人民币清算行对接。港澳人民币清算行与境外商业银行(即境外参加银行)签订清算及结算协议,为境外参加银行开立人民币同业往来账户,代其向中国人民银行申请中国现代化支付系统(CNAPS)行名和行号。

第三,对外支付和收入。对外支付时,境内结算银行在查询境外参加行 CNAPS 行名行号,通过中国人民银行大额支付系统将资金划至港澳清算行,港澳清算行的系统将自动贷记境外参加银行的同业往来账户并发出入账通知,由境外参加银行①将资金(人民币或兑付为其他货币)解付给境外企业。对外收入时,人民币资金汇划按上述流程反向处理。境外参加行与清算行之间通过 SWIFT 系统传递清算信息,如图 7-1 所示。

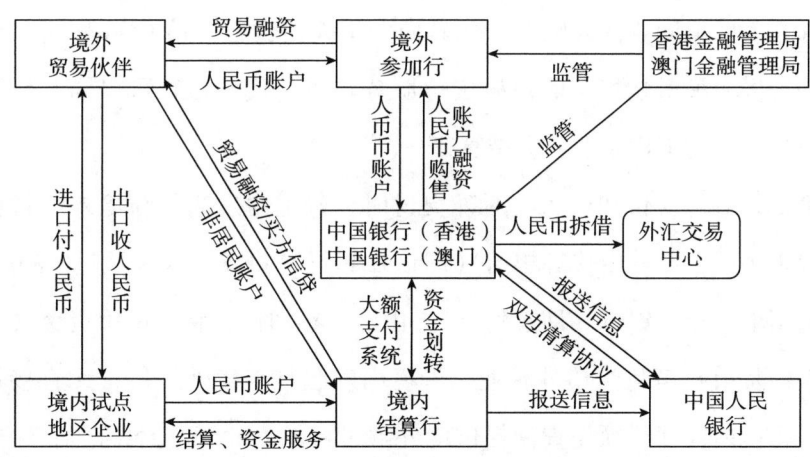

图 7-1 清算行模式结算流程

---

① 港澳清算行也可同时作为境外参加银行,直接将资金解付给境外企业。

7.3.2 代理账户行模式

境内银行是中国人民银行跨行支付系统的直接参与者,并且在国内建立了覆盖面较广的行内人民币汇划系统,具备国际结算能力的境内银行可以与境外银行签署人民币代理结算协议,为其开立人民币同业往来账户。境内代理银行与境外参加银行之间通过 SWIFT 系统传递清算信息,利用所开立的人民币同业往来账户完成跨境人民币资金的划拨。主要操作步骤如下:

第一,境内代理行与境外商业银行对接。具备国际结算业务能力的商业银行(即境内代理银行)与境外参加银行签订人民币代理结算协议,并为其开立人民币同业往来账户,代其向中国人民银行申请 CNAPS 行名和行号,并提供人民币购售、账户融资等服务。境内代理银行可以同时作为境内结算银行,为境内企业开立结算账户。

第二,对外支付和收入。对外支付时,若境内发起行与境外解付行有直接代理关系,则境内代理银行(即该发起行)将支付指令通过 SWIFT 系统发送至境外参加银行(即解付行),由境外参加银行将人民币资金(或兑换为其他货币)解付给境外企业;若境内发起行与境外解付行无直接代理关系,则境内发起行须先查询提供境外解付行的 CNAPS 行名行号,通过内地现代化支付系统或行内系统将资金划拨至有代理关系的代理行,再由境内代理行转换成 SWIFT 指令发送至境外参加行。涉外收入时,人民币资金汇划按上述流程反向处理,如图 7-2 所示。

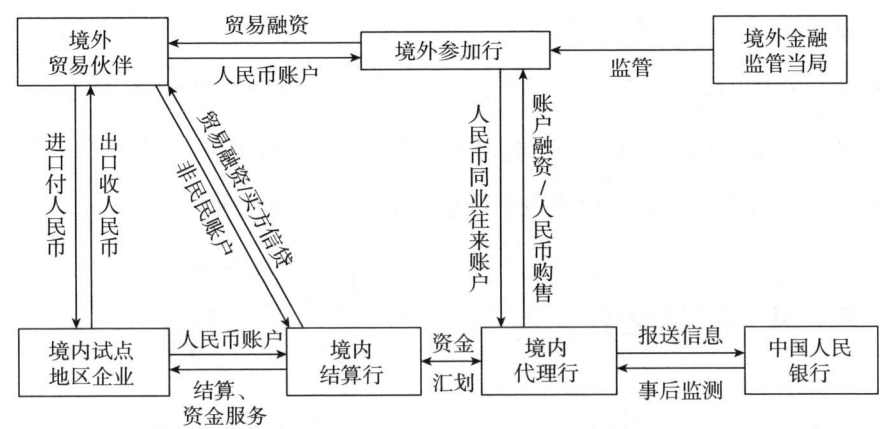

图7-2 代理行模式结算流程

7.3.3 人民币 NRA 账户模式

跨境贸易人民币结算试点启动后,上海、广东先后放开境外机构在境内开立人民币银行结算账户(简称人民币 NRA 账户)。在云南省、广西壮族自治区等地边境,也有境外企业和个人在境内开立人民币账户用于跨境贸易人民币结算。为规范相关账户的开立和使用,2010 年 9 月,中国人民银行发布了《境外机构人民币银行结算账户管理办法》,2012 年 7 月《中国人民银行关于境外机构人民币银行结算账户开立和使用有关问题的通知》进一步明确了账户的业务范围。主要操作步骤如下:

第一,NRA 账户开立。境外企业(即境内企业的客户)提交企业基本资料、与内地交易的背景资料及其他证明文件,经中国人民银行核准,在境内结算银行开立人民币 NRA 账户。

第二,对外支付和收入。对外支付时,若境内、外企业账户开在同一境内结算银行,则通过其行内系统直接贷记境外企业的人民币 NRA 账户相应金额;若境内、外企业账户开在不同境内结算银行,则由境内企业的开户行通过中国现代化支付系统或行内系统划拨人民币资金至境外企业的开户行。涉外收入时,人民币资金划拨按上述流程反向处理。

7.3.4 不足之处

从以上分析中可以看出,人民币跨境支付清算模式仍存在不足之处,主要体现在:

第一,业务处理环节多、流程分离,增加了银行的营运成本。在使用较多的代理行和清算行的渠道中,境内代理行与境外参加行、港澳清算行与境外参加行之间均通过 SWIFT 系统传递信息,而境内代理行之间以及境内代理行与港澳清算行之间则通过 CNAPS 传递信息并划拨资金,业务流程多,还存在手工处理环节,对资金入账时间形成一定影响,增加了营运成本。

第二,资金清算效率有待提高,无法满足日益增长的业务需求。一方面,在时间上现行安排受制于大额支付系统的运行时间,给海外人民币跨境结算带来诸多不便。由于国内外存在时差,欧美地区工作时间的业务需求无法得到及时处理,制约了当地人民币业务的资金清算。另一方面,国际通用的 SWIFT 报文和大额支付系统的报文不兼容,部分银行系统已经升级能够自动转换,但部分银行尚需要手工操作,极大影响了清算效率。此外,即使实现自动处理,由于 CNAPS 主要是国内应用系统,其行名行号等信息在国际上认可度、知名度不高,仍需要人工干预。

第三,境内外资金混合清算,加大境内支付系统业务压力。现行跨境人民币清算安排下,港澳人民币业务清算行、境内代理行和境外机构境内开户银行均通过 CNAPS 办理跨境人民币业务。随着跨境人民币业务的快速发展,人民币跨行支付系统压力将进一步加大。若境外资金清算出现失败,将马上影响相关境内银行的其他境内清算业务,不利于控制清算风险。

第四,现有渠道自身存在缺陷,无法形成可持续发展的完备体系。一方面,使用清算行模式在业务开展初期有效地促进了人民币跨境使用,但境外银行直接参与境内人民币系统的模式推广性不强,而且由于清算行自身的营利性质容易形成境外清算垄断,所以只能作为一种过渡性安排。另一方面,代理行模式有较多优势,但并不被市场认可,难以充分发挥作用,除了需要进一步地放开政策外,境内银行与境外同业的交流合作、金融服务及管理能力也是短板。此外,人民币 NRA 账户自身的业务特点决定其难以形成清算规模效应效率不高,只能作为一种补充。

第五,现行跨境清算安排结构单一,难以实现长远发展的功能扩展。一方面,目前不允许账户透支的全额支付清算实际上是逐步清算,对清算业务流动性支持的缺失不便于境外参加行的资金头寸管理,提高了资金使用成本,效率低于外币清算。若允许透支进行结算,则容易将境外清算风险传递给境内银行和支付系统,难以形成有效隔离。另一方面,现行安排仅能满足跨境交易的基本需求,对于未来可能得到长足发展的跨境证券金融交易人民币资金清算以及本外币等支付清算业务,难以进行功能扩展,无法充分、高效地满足需求。

7.4 高速路之眺：人民币跨境支付清算体系的未来

随着 CIPS（一期）的建成，人民币跨境的"公路网"已初具雏形。通过这张"公路网"，人民币可以在境内与境外之间实现高效的"双向流动"。"双向流动"的效率如何，取决于路网是否发达。发达的路网，应该是带有主动脉功能的干路与带有毛细血管功能的支路相互交织、纵横交错。干路作为人民币跨境流动的主要通道，要依托 CIPS，把境内金融机构与境外离岸中心、境外大型金融机构连接起来，主要目标是追求人民币资金流动的大规模、快速度、高效率。支路要依托干路，把干路上的金融机构与干路之外的金融机构连接起来。因此，下一步要把跨境支付清算体系的"路网"建设好，重点就是要建设好"干路"和"支路"，使跨境流动更加便利。

7.4.1 加快拓展 CIPS 功能

人民币跨境"高速路网"的关键是要把完善 CIPS 作为人民币跨境支付清算体系建设工作的重中之重，即在 CIPS 一期上线运行的基础上，加快建设 CIPS 二期，进一步拓展 CIPS 功能，为人民币国际化创造有利条件。具体来看，应从以下方面完善 CIPS 功能：

第一，完善结算方式。根据主要国际货币跨境支付系统建设的经验，尽快推出净额结算方式，开发高效的轧差算法，提升系统对业务队列的处理能力,提高参与者资金周转效率,把参与者的流动性成本降至最低。

第二,提供透支额度。进一步减少清算业务所占用的资金,向直接参与者提供双边、多边的信用透支额度,使直接参与者提供的头寸能够支撑更多的清算业务。

第三,适当延长日间业务处理时间。参考美元 Fedwire 系统长达 21.5 小时和 CHIPS 长达 20 小时的运营时间,适当延长 CIPS 和大额支付系统的业务处理时间,更好地满足其他时区的人民币清算需求。

7.4.2 完善跨境人民币清算体系

在系统不完善条件下,要加强不同模式的发展定位,进一步整合现有人民币跨境支付结算渠道和资源,将三种模式协调运作的效益最大化,提高交易的安全性和稳定性,营造公平竞争的市场环境,提升跨境清算效率,满足现阶段各主要时区发展人民币业务的需要。具体来看:

第一,适度支持清算行业务拓展,进一步发挥清算行模式的特殊作用。清算行模式在人民币国际化初级阶段所起到的贡献是无法替代的,境外清算行模式在一定时期内应予以保留并适度发展。要加强对港澳清算行业务引导,在兑换额度、业务品种、直接投资清算和信贷等方面给予一定的政策倾斜,维护港澳清算行拓展离岸业务的积极性。要鼓励人民币业务基础好、条件相对成熟的地区发展当地的人民币清算网络,适度增加海外清算行。要在内地人民币资本项目仍然存在管制的背景下,强化清算行承担部分海外人民币业务的监测与监管职责,这将对全面掌握跨境人民币业务发展情况、统筹考虑业务推进速度和时机、防范市场风险起到积极作用。

第二,整合代理行模式下境外同业往来账户资源,提高渠道利用效率。

目前，由于国内银行整体国际竞争力较弱，与境外同业的交流合作普遍较少，知名度、产品提供、服务能力、管理水平以及客户资源均与境外同业有一定差距，再加上内地在系统建设、政策限制等方面存在部分现实问题，使得代理行模式的优势难以充分体现。要重点从两个方面提高代理行模式跨境人民币清算效率：一是整合各家境内银行已为境外参加行开立人民币同业往来的账户，加强境内转汇通道建设和综合利用，疏通清算渠道，提高对已有账户资源和清算路径的利用效率；二是放宽代理账户的使用，允许通过办理境外银行间人民币业务以及跨境个人汇款结算，使境外参加行的资金可集中在代理账户处理，放宽账户间资金调拨，允许参加行在境内代理行与境外清算行开立的账户之间根据业务需要自由划拨资金。

第三，适当放宽人民币 NRA 账户限制，发展账户的离岸业务功能。人民币 NRA 账户的作用主要体现在开展账户存贷款、融资、理财等业务方面，资金划拨结算仅应作为账户附带功能去发展。就目前的情况而言，该账户既无法享受离岸账户待遇，也无法享受境内账户待遇，在利率方面甚至较境内账户更加严格，业务发展受到较大限制。可以进一步放宽政策，选择一些符合条件的地区开展试点，推动业务发展，作为境内人民币离岸市场建设的积极探索。

展望未来，跨境支付清算体系将是一张路面宽阔、路况良好、覆盖面广、延伸远方的高速路网。

第 8 章
人民币国际化展望

8.1 国际货币新格局

8.1.1 国际货币体系的缺陷

国际货币体系是国际经济秩序的重要组成部分,它随着世界经济格局的变化而变化。牙买加体系在促进汇率体制改革,推动国际贸易、直接投资和全球经济发展等方面发挥了积极作用。但是,历史的车轮总在前进,随着全球经济一体化程度的提高、世界经济格局的变化,现行国际货币体系的内在缺陷也愈发突出。

8.1.1.1 美元霸权地位与其经济地位不匹配

现代货币是信用货币,要维持持币者的信心,必须维持币值的相对稳定,这就意味着,在一定时间内,中央银行不能无限度地投放基础货币,M2[①]/GDP 比率不可能无限度地放大,经济的整体杠杆率必须控制在一定比例之内。如果国际货币发行国 GDP 占全球 GDP 的比重不断下降,那么该国际货币发行总额与全球 GDP 比率也应不断下降,相对于需求总量而言,全球流动性供给就会出现短缺。

20 世纪 80 年代至今,美国主要通过经常项目逆差输出流动性,即通过购买外国商品,将美元直接输出到贸易对象国,因此,如果美国在全球 GDP 占比不能保持一定的份额,美国 GDP 增长速度低于美国债务的积累速度,这种通过经常项目逆差输出美元的方式就不可持续。美国 GDP 在全球经济中的占比已经从 1980 年的 23.37% 下降至 2015 年的 15.80%(按购买力平价计算)。2000~2015 年,美国 GDP 占全球 GDP 的比重呈下降趋势(见图 8-1),而 M2/GDP 由 1980 年的 645.74% 上升至 2015 年的 803.35%。2000 年以来,虽然美元占储备货币的份额出现波动,但仍保持在 60% 以上,2015 年为 64.26%。截至 2016 年,美国在国际货币基金组织、世界银行中的投票权分别为 16.5% 和 15.85%,占 SDR 的份额为 41.73%。如果国际货币体系与全球经济实力变化背离,国际货币流动性就会出现问题,进而加大全球经济波动的风险。国际货币体系需要新的国际货币,以避免出现全球流动性短缺。

---

① M2 代表广义货币供应量。

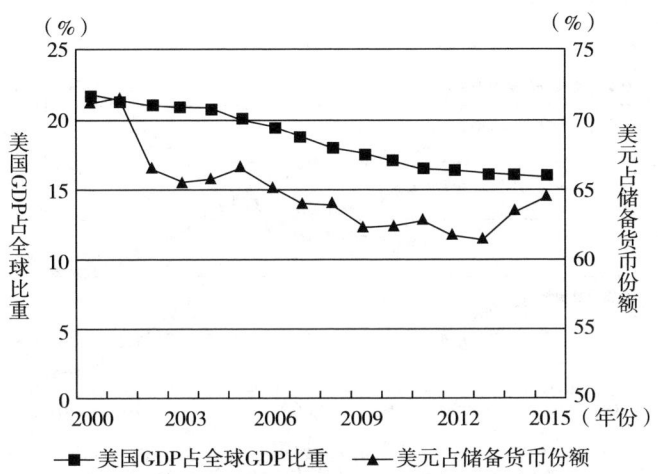

图 8-1　2000~2015 年美国 GDP 占全球比重及美元占储备货币份额情况示意图

8.1.1.2　新兴市场和发展中经济体的崛起与国际货币话语权不匹配

新兴市场和发展中经济体正在成为引领世界经济增长的重要力量。21世纪前 16 年，其经济年平均增长率达 5.88%，远高于 G7 国家 1.56% 的经济年平均增长率。在全球 GDP 构成中，G7 国家 GDP 与经济新兴市场和发展中经济体 GDP 此消彼长，新兴市场和发展中经济体在全球经济中的分量明显增大。1980 年以来，G7 国家 GDP 占全球 GDP 的比重不断下降，由 1980 年的 53.56% 降至 2015 年的 31.46%，而新兴市场和发展中经济体这一数值持续上升，由 1980 年的 37.84% 升至 2015 年的 57.51%（见图 8-2）。按照购买力平价计算，G7 国家 GDP 与新兴市场和发展中经济体 GDP 之比不断降低，由 1980 年的 1.415 下降到 2015 年的 0.547（见图 8-3）。新兴市场和发展中经济体在世界经济中的地位不断上升，而世界四种主要国际货币（美元、日元、欧元和英镑）占世界储备货币的比重却仍保持在 90%以上，新兴市场和发展中经济体的经济地位与国际货币话语权不匹配。

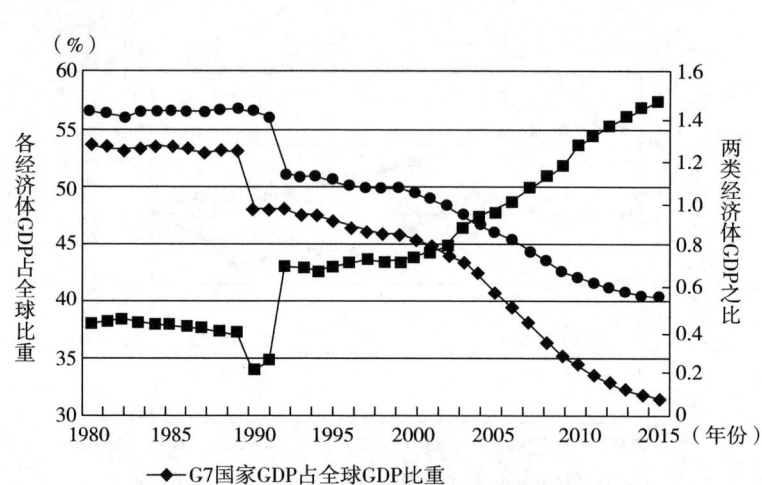

图 8-2 1980~2015 年 G7 国家与新兴市场和发展中经济体 GDP 对比情况示意图

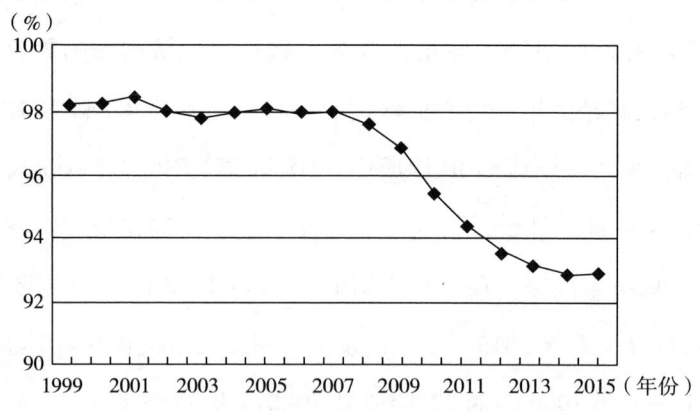

图 8-3 1999~2015 年主要四种货币占储备货币份额情况示意图

新兴市场和发展中经济体的影响力不断增强,经济增长重心正在从发达国家向新兴市场国家转移,世界经济出现增长中心和实力分布的多元化格局。经济发展异军突起,新兴市场和发展中经济体要求在全球经济治理中的地位相应提升，但在当前国际货币体系下，发达经济体几乎垄断了国际货币体系的话语权，新兴经济体的影响力很小。例如，美国在 IMF 的投票权为 16.5%，且拥有一票否决权，在国际规则制定、判定和执行上具有绝对的主导权。美国主导的国际货币基金组织和世界银行已经越来越无法满足世界经济发展的需求，特别是无法满足新兴经济体国家的需求。

8.1.1.3 美国宏观政策负的外溢效应明显

全球流动性供应是否适量与货币安排的稳定性密切相关，人们期待的国际货币体系，应该是全球流动性既能够满足世界经济和金融发展的需要，也能避免全球流动性泛滥对经济金融运行造成的扰动。然而，"趋势如潮汐，周期如海浪"，历史上"美元荒"和"美元灾"交替出现，美国在享受"无泪赤字"和"剪羊毛"的快乐时，对别的国家产生负的外溢效应明显。

2007 年次贷危机源于美国自身金融体系问题，却演变为席卷全球的国际金融危机，这种风险的外溢性和高传染性暴露出国际货币体系的局限。近几年，在发达经济体数轮量化宽松政策下，新兴市场的金融杠杆大幅上升，美联储从美国利益出发，选择加息，美元升值，对于依赖美元的经济体和新兴经济体而言，美元流出不仅导致金融市场大幅波动，也容易导致其融资成本上升，影响其经济活力。新兴市场债务人易受到美元升值的冲击，特别是在大部分债务人没有做好对冲美元升值压力的情况下，这对全球经济金融稳定构成了潜在威胁。可以预见，在这个美元加息周期里，一些新兴市场国家和个人出售本国货币资产，将更多储蓄兑换成美元的现象将增加。

8.1.1.4 国际治理安排松散，治理机制失灵

当前的国际货币体系是一个缺乏有效管理的体系。它是在布雷顿森林

体系崩溃以后,通过"牙买加协议"和"IMF 协定第二次修正案"确立起来的"无体系的体系"。在这一体系下,各国通过利率机制、汇率机制、国际金融市场等多种手段来调节国际收支的不平衡。在这松散的货币体系中,国际货币基金组织所代表的国际货币体制和世界银行所代表的国际发展援助机制都表现出某种程度的失效,自 20 世纪 60 年代以来,国际货币基金组织和世界银行对发展中国家的援助以社会援助为主,忽视了对发展中国家的基础设施建设,使其帮助发展中国家的发展成效大打折扣。国际货币市场的稳定性很大程度上取决于世界对美国经济的信心,美国对特别提款权的抵制使 IMF 缺少调控国际支付手段,不能很好地发挥稳定汇率和调节国际收支的职能,决策的政治化使 IMF 难以承担最后贷款人的责任。在技术革命和全球化背景下,国际收支失衡导致发达国家和发展中国家、实体经济和虚拟经济的不均衡。例如,美元作为国际关键货币与国家货币之间存在冲突,缺乏"货币锚"导致汇率无序波动;国际收支调节机制和全球金融监管不健全,金融危机经常发生。

国际经济格局的改变孕育着国际货币体系的改革。优化国际货币体系,实现全球流动性的有序供应,对世界经济持续均衡发展至关重要。改革国际货币体系不是颠覆现有的国际货币体系,而是让国际货币体系更真实地反映国际经济格局的变迁,从而提高国际货币体系的平衡性和稳定性,增强国际货币体系的全球公共性。

8.1.2 国际货币体系改革方向

国际货币体系建立在世界经济发展的基础之上,在国际经济发展的不同阶段,世界各国的经济政治实力此起彼伏,要求国际货币体系与之相适应，经济的发展是国际货币体系改革的原动力。2008年全球金融危机爆发后，针对现有国际货币体系的缺陷，国际社会提出了多种改革方案，如用欧元替代美元的新布雷顿森林体系方案、超主权货币方案、建立区域性"锚货币"和多元主权货币方案等。然而，这些改革方案各有利弊，迄今为止没有一个方案能获得普遍认同。我们只有从国际货币体系的内涵来思考改革方向，才能找到正确的道路。

国际货币体系是一种用于降低交易费用而设计的制度。在国际交往中，为促进国际贸易，方便货币汇兑，客观需要一系列规则来协调，这些规则的总和就构成了国际货币体系。传统意义上的国际货币体系主要包括三个方面的内容：一是国际货币，即国际结算、计量的常用货币；二是汇率体系，即规定一国货币同其他货币之间比价的确定与维持方式；三是国际收支调节机制，即规定当国际收支发生顺差或逆差时的调节方式。在经济全球化的大背景下，针对现行国际货币体系的缺陷，未来国际货币体系改革的核心是利益分配问题与经济发展环境的公平合理问题，改革的根本目标是体现世界大多数国家的共同利益，形成各国货币之间稳定而高效的汇率制度，保证国际资本的自由、有序流动，便利开展公平、公正、合理、有序的国际金融事务协调，在发生危机时能够采取及时有效的应对措施，以促进世界经济的长期稳定和可持续发展。

总体来看，现行国际货币体系改革需要坚持如下原则：一是稳定性原则。改革要着力解决世界经济中深层次的不平衡问题，熨平经济周期性变化，推动结构性调整，确保国际金融市场稳定。二是包容性原则。改革应统筹兼顾不同利益诉求，使国际金融机构的治理结构充分反映各国在世界经济中的权重。三是市场化原则。对于汇率制度选择、汇率水平决定等，要与各国经济金融环境相适应，让市场说话，避免外部力量过度干预。四是有序资本流动原则。通过制定一些国际规则，支持和鼓励有序资本流动，鼓励长期性投资行为，减少短期资本无序流动对国际货币体系带来的冲击。五是预警与救助并重原则。要建设多层次的金融安全网、危机预警机制和快速救助机制，防范金融危机。

具体来看，国际货币体系改革应从汇率制度、国际收支调节机制、国际储备结构、国际货币基金组织和世界银行等方面着手，强化国际多边协调的有效性，加强合作，提高共同应对危机的能力，推动世界经济的发展。

8.1.2.1 汇率制度要与本国经济发展要求相适应

从总体上看，牙买加体系后，国际货币汇率制度安排呈现由固定汇率制向浮动汇率制转变的特点，浮动汇率制成为当今国际货币汇率制度发展的主流。由于全球经济发展不平衡，体制和文化差异巨大，没有一种汇率制度适合所有的国家，每个国家都应该根据自己的国情，选择适合自身经济发展需要的汇率制度，差别化汇率制度仍将是未来相当长时期内国际汇率制度安排的主流。汇率制度的选择还是一个动态调整的过程，随着经济环境需要而改变，各国应该保留自由选择和调整本国汇率制度的自主权。国际货币发行国要承担稳定本国汇率的责任，避免汇率的大幅波动。

8.1.2.2 建立符合更广泛利益的国际收支调节机制

美国既有贸易赤字，也有财政赤字，贸易逆差使贸易盈余国家持有大量美元，这些国家购买美国政府债券，支持美国的财政赤字。这种"双赤字"负的溢出效应明显，是造成当前全球经济结构性国际收支失衡的主要原因，容易导致全球经济增长波动和资本流动突变的风险。因此，在国际收支调节领域应加强合作，建立符合更广泛利益的国际收支调节机制，避免由于一国国际收支失衡对全球货币稳定可能造成的影响。作为主要储备货币发行国，美国必须主动承担起国际收支调节的责任，积极扩大高新技术产品出口,减少国际收支逆差,实现国际收支基本平衡,保持汇率的相对稳定。广大发展中国家应对短期资本流动加强监测,采取有效的管理措施,维护国内金融安全和稳定。

8.1.2.3 由一篮子货币取代单一储备货币

目前国际金融界在储备货币选择问题上的主要观点有:重返布雷顿森林体系,恢复美元本位制;恢复金本位制;建立商品本位制;以特别提款权(SDR)作为储备基础;区域锚货币制度等。实践表明,重返布雷顿森林体系不现实,金本位受制于黄金存量的有限供给,恢复美元本位或恢复金本位制不切实际;商品价格较不稳定,以某种初级商品作为储备篮子不可取。扩大特别提款权(SDR)、拓宽其使用范围,可以作为未来国际储备体系改革的一个选项,但 SDR 本身并不是货币,仅是一种储备资产和记账工具,应用范围较窄,不能作为结算标准和计价工具,也没有可供投资的市场。目前,SDR 仅在出现国际收支危机后作为救援手段,在 IMF 及各国政府之间发挥作用,私人部门不得持有和运用。将来即使拓展特别提款权(SDR)的功能,其广泛应用还需要对各国财政与货币政策、汇率制度等一系列规则安排进行深入调整,并且在某种程度上牺牲各国财政和货币政策的独立性,这有较大的难度。区域锚货币与区域经济合作进展、市场开放程度等关联密切,在选择上存在着一些难以调和的矛盾和竞争,难以普遍适用。在未来相当长的时间内,以某几种国际货币共同组成的一篮子货币取代单一储备货币,是克服由单一国家货币作为储备资产的局限性的较好办法。

8.1.2.4 完善 IMF 和世界银行的治理

目前,IMF 和世界银行在治理方面存在的主要问题有:作为两个机构投票权分配基础的基金"份额"已经不能准确反映当前的国际经济格局,发达国家在国际经济中的分量被夸大,发达国家在决策机制中占主导地位;基础投票权的作用名存实亡,金钱决定投票权成为两个机构决策机制的基本原则;国际发展援助机制的总量水平偏低和结构不合理,在用途上以减债和紧急救援为主,用于长期发展目标的资金偏少。因此,应改进和完善 IMF 与世界银行的治理机制,重新审核基金份额,扩大基础投票权,增加发展中国家投票权比重,废止少数发达国家事实上的否定权;进一步加强 IMF 对主要储备货币国家经济政策的监测职能,在项目援助方面发挥准中央银行的专业职能。IMF 在提供贷款的决策过程中应服从履行准中央银行职能的专业准则,力戒政治化;应将危机国走出经济衰退需要列入计划予以考虑,并将重点放在危机防范而不是补救上。世界银行应当创新发展理念,大力发展多边融资,综合考虑经济增长与社会发展,通过向发展中国家转移资金和制度资源,促进全球生产要素全面充分合理流动,实现全球经济的平衡有序发展。总之,要充分发挥 IMF 在稳定国际货币金融体系的作用和世界银行在调节全球资源转移和利益协调中的作用,减少国际经济波动,促进全球经济的健康、稳定发展。

8.1.2.5 加强国际多边协调的有效性

进一步加强国际金融机构多边协调,保证协调机制的有效性,这是未来国际货币体系改革成功的一项重要前提条件。国际多边协调机构运作机制应进一步完善,切实关注各成员国经济金融发展中的现实敏感问题,致力于在解决国际收支调节机制失灵等关键领域展开实质性的合作,而不是刻意回避问题,并将关注的焦点放在全球范围内非成员国的一些社会问题上。要建立危机预警系统,采取切实有效的措施防范金融危机的发生,或者在危机发生时通过联合协调行动,对危机国给予适当救助,将危机的影响降到最低,防止危机扩散和蔓延。广大发展中国家要积极参与国际多边机构的协调与合作，充分表达发展中国家的观点，以保证未来国际货币体系改革中的协调与合作更加富有建设性。

8.1.3 国际货币新格局下的人民币

8.1.3.1 国际货币体系的改革需要发挥人民币的作用

虽然国际货币体系的改革博弈是长期的，不能一蹴而就，但国际货币格局不会长期落后于国际经济格局和国际贸易格局变化，现行国际货币体系的改革为新兴货币走上历史舞台提供了机会。一种货币的国际化道路能走多远，在很大程度上取决于发行国的经济总量规模、贸易规模和投资规模。我国已是经济大国，自1980年以来，中国GDP和贸易总额占全球比重均持续上升，中国GDP占全球GDP的比重从1980年的1.55%上升至2015年的9.56%；中国贸易总额占全球贸易总额的比重从1980年的0.93%上升至2015年的11.90%（见图8-4）。目前人民币国际化程度与中国经济在世界中的份额是不匹配的，已经远远落后。全球实体经济格局与货币格局脱节，限制了国际支付手段和国际主要储备货币的多样化发展。例如，从国际货币市场供给来看，美联储无疑是最大的寡头，对于欧元区国家来说，在没有另一种强势国际货币出现前，只能选择美元作为大规模的储备货币。因此，国际货币体系的完善需要发挥人民币的作用，尤其在金融危机后，人民币被寄望为改变现有国际货币体系格局的重要货币。

8.1.3.2 经济区域化发展需要发挥人民币的作用

目前，世界经济虽然平缓复苏，但基础并不牢固，存在较多不稳定性和不确定性。发达经济体货币政策分化，引发资本无序流动，全球债务高企，造成市场信心不足，加上国际金融和大宗商品市场波动，对新兴市场国

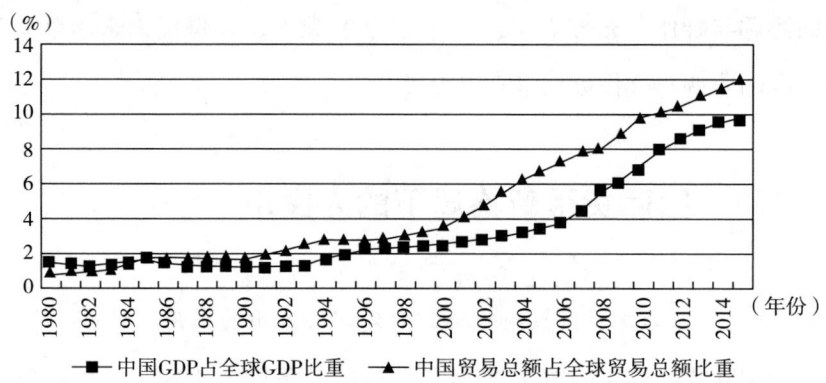

图8-4 中国贸易总额和GDP占全球贸易总额和GDP的比重情况

家和发展中国家带来较大的冲击。在世界经济充满挑战的大背景下,要克服诸多现实和潜在的困难和风险,需要加强双边或多边的区域经济合作,加快产业升级换代,以科技创新带动产品、管理、商业模式创新,提高亚太经济圈在全球供应链中的地位,共建共享协调、开放、包容的价值链。中国也在近年来加快区域化进程,已经先后与东盟10国、巴基斯坦、新西兰、智利、秘鲁、哥斯达黎加、冰岛、瑞士等多个国家和地区签订了自由贸易协定,中日韩、东盟"10+3"等自贸协定谈判也在积极推动中。《亚太经合组织(APEC)互联互通蓝图(2015—2025)》,确立了未来实现无缝、全面联结亚太的愿景目标。在经济区域化发展和"一带一路"建设中,从降低成本、减少汇率风险等方面来看,中国企业对外投资和区域内国家对中国市场投资都离不开人民币国际货币职能的发挥。中国未来10~20年仍然会保持中高速经济增长,预计2020~2030年中国经济增长速度平均在5%以上,中国城镇化也处于加速发展时期,城镇化水平有望从2013年的53.7%增至2030年的70%。在强劲的经济增长支持下,以人民币计价的金融产品必将受到国际投资者的青睐,这将为人民币的区域化应用拓展更大的空间。

8.1.3.3 推动与中国经济地位相匹配的人民币国际化

人民币的国际地位不能超越中国的发展阶段,但应当与中国经济在世界经济中的地位、中国市场在全球市场中的份额相匹配。在过去的十几年中,人民币国际化步伐不断加快,人民币的流通、支付等功能不断完善,人民币的使用范围不断扩大,并推动人民币发挥储备货币职能。同时,中国积极参与全球金融治理,如推动建立上海合作组织、金砖国家等多边金融合作机制,通过 G20 峰会等在一些重大国际问题上不断发声。尽管我们已取得长足进步,但是,由于受制于主要发达经济体一直牢牢把持着国际金融合作的顶层设计、标准制定、重大会议议题设定等多方面的话语权,中国金融崛起仍然缺失一个至关重要的要素:在国际金融组织中拥有与自己经济金融地位相匹配的话语权,如规则制定权和大宗商品定价权等。

必须清醒地看到,主权货币多元化道路必定是艰难曲折的,国际货币体系的变革既是基于市场选择的长期过程,也是基于政治博弈的制度创新过程,政治博弈和改革进展最终取决于各国综合实力。市场是否接受一国货币为国际储备货币,并不完全取决于该国经济规模和其推动本币国际化的主观意愿,还受到货币发行国的主权信誉、经济稳定性和开放度、参与国际贸易的规模、金融基础设施发展状况和资本账户开放程度等客观因素的影响,也受到国际货币制度和规则的影响。尽管前进的道路并非平坦,但唯有积极参与,才能维护自身的权益。从成立上合组织开发银行,到筹建金砖国家新开发银行,再到亚洲基础设施投资银行成立,无不是中国参与国际"游戏规则"的制定、打破发达经济体话语权垄断的重要尝试,具有里程碑式的意义,是我国"金融崛起"必由之路,也成为国际货币体系的一支重要力量。对于丰富国际金融组织,形成合理高效的国际金融竞争格局和竞争机制,推动全球经济治理体系朝着公正合理的方向发展,促进世界经济增长具有重要作用。

在可预见的未来,随着中国经济稳步发展,人民币活跃度将日益增强,在国际货币体系中的地位也将不断提升,并会深刻改变世界金融版图。预计到2030年,全球将形成以美元、人民币为核心,欧元、日元和英镑为外围的国际货币格局。以竞争和优选机制促使国际储备货币发行国政府采取稳健的货币政策,保持本国货币币值稳定,维护国家信用。中国应顺势而为,推动国内经济金融体制改革和人民币国际化,积极参与国际治理机制的重建。相信在不久的将来,中国将由于为全球经济供给一个规模量大、透明度高、稳定性和流动性强的货币而备受赞誉,这将是中国对世界经济繁荣发展做出的另一重大贡献。

8.2 人民币国际化战略

8.2.1 我们的作业

人民币国际化应立足于中国经济长远发展和对外开放,按照循序渐进的原则,从实体经济发展和市场需求出发,稳步推进。

第一,要深化改革开放,积极参与国际分工。中国的对外经贸交往和参与国际分工的程度是人民币国际化的基本推动力,是决定人民币国际化规模、市场深度与广度的重要基础。要推动金融市场化改革,着力提高国内金融市场开放程度,提升金融市场化水平,提高国内金融基础设施建设,构建开放、活跃、有深度的国内金融市场与人民币离岸市场,服务实体经济发展,丰富各种以人民币计价交易的金融产品,以满足境内外企业对于人民币头寸的需求和保值升值的需要,使人民币由支付结算货币向投资交易货币转化。"一带一路"倡议开启了新型区域合作模式,助推中国构建高水平、全方位的开放新格局。要结合"一带一路"建设,扩大人民币海外投资基金规模,加大人民币对外投资,并通过经常项目回流,实现人民币的双向良性循环。要在贸易、投资和旅游结算中更多地使用人民币,并充分发挥亚洲基础设施投资银行的作用,在亚洲基础设施投资银行为其他国家提供基础设施贷款时,尽可能地使用人民币进行结算。要继续推进人民币清算体系建设,完善人民币资本项下流出和回流途径,提高人民币跨境投融资便利程度,增强人民币资产的流动性和吸引力。

第二,提高宏观调控能力,保持人民币币值相对稳定。保持人民币币值的相对稳定,是维持国际社会对人民币信心的基础,也是发挥人民币国际货币职能的保证。人民币国际化道路是否顺畅,在很大程度上与能否保持币值稳定有关。货币币值稳定性不足,会大大降低投资者的持有意愿。而通货膨胀率和汇率是关系币值稳定的最重要变量,它们分别反映了币值对内和对外的稳定性。因此,应继续提高宏观调控水平,保持内外均衡,将通货膨胀水平控制在目标值内,维护人民币汇率在区间内稳定。

第三,加强金融监管,健全金融体系。随着人民币国际化程度的不断提高,金融与国际接轨金融监管将面临许多前所未有的问题。因此,一方面,要完善宏观审慎监管体系,建立国际收支危机防范预警系统,建全事前防范、事中应对和事后处置的一整套机制,提高防范、应对和处置系统性风险的能力，使金融监管更好地适应开放条件下的金融环境。另一方面，要健全金融体系，进一步加强银行系统的改革，完善法人治理结构，规范信息披露和财务纪律，尤其应当提高对银行外债和国际游资的监测能力，防止货币错配和期限错配，增强风险管控能力。

第四，加强多边协调，完善应对国际失衡的协调机制。人民币国际化后，宏观经济政策容易产生内外冲突，引发新的矛盾和问题。应优先考虑国内经济健康发展，审慎处理好人民币国际化与国内各项金融改革的关系。同时，要通过加强双边、多边和区域经济合作，完善货币合作框架，构筑更加稳健的国际失衡协调机制。例如，既要利用G20、IMF等现有多边治理平台，加强新兴市场国家和发达经济体之间的政策沟通和协调，防范单一国家宏观经济政策对全球经济的外溢效应，也要利用金砖国家新开发银行、金砖国家应急储备安排、亚洲基础设施投资银行等平台，对现行国际货币体系形成有益的补充，培育经济发展新动力，促进新兴市场国家经济发展。

8.2.2　中美货币合作

中国与美国作为全球两大经济体，经贸往来紧密，处理好美元与人民币之间的关系，不仅关系两国经贸的正常开展，而且关系国际货币体系的稳定。合作才能共赢，中美货币合作符合两国的利益，有利于两国和全球金融稳定。

8.2.2.1　竞争与合作——对中美货币关系的基本判断

第一，中美货币合作有利于两国经贸关系稳定发展。中美经贸往来与投资合作关系紧密，近年来，中美两国双边贸易投资规模不断扩大，美国是中国的第二大贸易伙伴，第一大出口市场和第四大进口来源地，中国已经超过加拿大成为美国最大的贸易伙伴。截至 2015 年,中美贸易额达 5583.9 亿美元,同比增长 0.6%。与此同时,中美双向投资保持增长,美国是中国对外直接投资的第四大目的地,也是中国第六大外资来源地。截至 2015 年底,美国对中国的投资项目累计达 6.6 万个,实际投入 774.7 亿美元,中国企业在美国的累计直接投资 466 亿美元。两国经贸关系的深化发展对货币合作产生客观需求,纽约正在成为人民币重要的离岸市场。中美两国应顺势而为,深化双边货币合作,促推两国贸易与投资再上新台阶。

第二,中美货币合作具有很强的现实意义。在贸易领域,发挥了中美两国的比较优势,"中国制造"为美国提供了大量物美价廉的商品,美国向中国出口高端科技产品,不仅有利于提高中国的就业率,也有利于增加美国人民的福利。在金融领域,中国大量持有美元资产,支持了美国的"赤字财政",降低了美国资金成本。截至 2016 年 5 月底,中国持有 1.244 万亿美元的美国国债,仍是美国第一大债权国。同时,中国持有美元资产,具有增信作用,成为人民币币值稳定的"锚",在一定程度上能为人民币国际化提供信用保障。

第三,中美货币合作有利于国际货币体系改革。中国与美国作为全球两大经济体,对全球金融市场稳定负有不可替代的责任。两者在国际货币体系改革中存在最大公约数,共同建设与国际经济格局变化更加匹配,权利与义务更加平衡的国际货币体系,是构建新型大国关系在国际金融领域的体现,符合中美两国的利益,有利于全球金融稳定。国际货币体系改革是权利与责任的再调整,让人民币分担美元作为国际货币所承担的责任,是生产关系适应生产力发展的必然结果,将产生双赢局面。例如,强势人民币战略,不仅有利于人民币国际化,也有利于保护美国制造业竞争力。在人民币国际化过程中,依托规模庞大的美元外汇储备增信,本身也是对美元的支持。

第四，人民币国际化是市场选择的结果。人民币国际化建立在中国经济总量不断上升和开放程度不断提高的基础上，是顺应中国改革开放的需要，更是顺应国际市场的需要。中国宏观经济稳健，使人民币具有内在的稳定性。其他国家在与中国进行的经贸和投资中，对人民币产生了强大的实际需求。同时，国际经济格局多极化、储备货币多元化的客观趋势，也使国际市场需要更加丰富的计价、交易、投资和储备工具，人民币刚好弥补了这种需求，有利于促进具有内在稳定机制的多元化储备货币体系的形成。在这一过程中，人民币国际化主要是市场行为，通过金融市场实现人民币与其他货币的直接交易，形成人民币离岸市场和离岸中心。央行之间货币互换以及区域货币合作也只是顺势而为，人民币国际化进程不会超越中国的发展阶段和国际市场的客观需求。中美处于不同的发展阶段，美元与人民币有错位发展的空间，可以在国际货币体系中错位发展。美元不仅通过贸易投资渠道，而且更重要的是通过虚拟经济的金融交易来扩张和放大其国际主要储备货币的职能。人民币主要是通过扩大贸易结算与开展对外直接投资等实体经济渠道发挥作用。

8.2.2.2 深化中美货币合作的思路

中国与美国都是当前国际货币体系的重要利益相关者，不能过分夸大中美货币竞争，中美货币合作有着广泛的空间，应以深化实体经济合作夯实中美货币合作基础，建设与中美新型大国关系相匹配的新型货币关系，推动构建多元国际储备货币体系，改善汇率调节机制，共建全球货币互换网络，探索建立区域与全球相结合的国际货币秩序。

第一，以深化实体经济合作夯实中美货币合作基础。投资与贸易是衡量两国经济合作质量的"标尺"，中美作为全球两个最大的经济体，两国在投资与经贸上的相互依赖程度也越来越高。近年来，中美两国经济都在不同程度上进行结构调整。美国对中国全面深化改革和推进依法治国背景下经济环境和商业环境变化不适应，对来自中国投资的安全审查趋严，对出口到中国的高技术产品管制趋紧，对部分出口美国商品设置壁垒等，给两国经贸关系发展带来了障碍，其中诸多问题、矛盾和分歧表现在两国投资协定谈判中。必须看到，全球经济增长早已不是完全依靠美国经济这单一的"火车头"，而是有赖于中美经济的"双轮驱动"，中美合作对拉动世界经济增长至关重要，越是在全球经济面临考验、低速前行的当口，越需要加强中美合作，切实完善中美经济的合作机制，加快签署中美双边投资协定（BIT），积极探索包含中国与美国在不同层面上的自由贸易安排。中美双边投资协定对于实践中美新型大国关系、促进两国国内的改革与发展、构建全球治理新机制具有重大意义：从全球层面来看，中美双边投资协定能起到示范作用，新兴国家将会学习，从而转化为它们改革的新动力，能进一步促进新兴经济体的持续发展，为全球经济力量的平衡和构建更加公正合理的全球经济治理秩序奠定基础；从地区层面来看，中美双边投资协定的达成将有助于完善国际经济治理机制。因此，双方应展现大国的责任与担当，通过更加平等的双边贸易与投资等实体经济的融合来促进两国货币关系的发展。

第二，建设中美新型大国关系相匹配的新型货币关系。新时期，中美新型大国关系的内涵包括不冲突、不对抗，相互尊重、合作共赢。在货币关系领域，应包括相互尊重汇率制度、建立双边货币互换机制、相互开放国债市场等。一是在汇率选择上，要相互尊重。在人民币国际化进程中，有管理的浮动汇率制度符合我国当前国情，要克服一些认识上的误区，人民币是稳定国际货币体系的建设性力量，货币战争不符合两国利益。汇率本质上是基于经济基本面而灵活调整的变量,人民币汇率最终决定于中国经济基本面,以及由此产生的市场预期,只要与经济基本面相适应,人民币币值区间内波动不仅不会影响宏观经济的稳定,反而有利于国际货币体系的稳定。二是探索签署中美双边货币互换协议。在全球经济和金融深度联系的今天,没有一个国家能从另一个大国经济动荡中获益。中美货币互换有利于稳定美元与人民币预期,并成为中美之间汇率和国际收支的调节工具,对缓冲中美之间汇率的过度波动、稳定国际金融市场、应对全球治理格局的变化等意义重大。三是促进中美之间更加平衡的双向资本流动。中美两国在资本流动上的问题,主要体现在直接投资上。美国的外资政策审批体系决定了美国的外资政策具有不确定性。目前,流向美国的直接投资大多数来自发达国家,这些投资容易通过美国的审批。但对于中国的投资,尤其是国有企业的投资,则审批难度较大。所以,需要在互利互惠的基础上,建立投资负面清单制度,切实减少对中国直接投资的不确定性。此外,需要加快人民币国际化步伐,促进中美国债双向投资。中国与美国应共同致力于主要储备货币汇率的相对稳定。四是中美之间应当加强对话与交流,增强对彼此宏观政策的理解和默契,并与其他主要储备货币国家和地区加强政策协调,在宏观政策和结构调整方面相向而行,避免竞争性贬值。

第三,共同促进全球金融安全网的建立与完善。2008年的金融危机暴露了全球金融治理体系的脆弱,同时也让人们意识到,以合作抵御金融风险对世界稳定的重要性。当前,全球金融正面临三个新情况:一是在金融危机之后,金融业的一体化更加凸显,金融业的一体化能更好地分配资本,也能更好地分摊风险,但若管理不好,有可能会带来金融风险;二是资本流动的波动性加大,这已经成为全球经济发展的一个新常态;三是全球化造成越来越多的溢出效应,这些溢出效应既有从发达国家传导到其他国家,也有从新兴市场国家传导到其他国家。面对全球经济动能减弱的新情况,构建更加稳健的国际货币金融体系,让新兴经济体恢复动能,这成为当前的金融改革目标之一。只有通过加强全球金融安全网的构建,才能使其变得更加安全,这需要中国与美国在全球金融稳定问题和政策上开展合作。未来,中美可共同支持以 IMF 为基础构建全球金融安全网络,加强 IMF 的监测作用,用更加系统的方式去捕捉某一国家所出台政策的溢出效应,确保金融监管机构能及时协调此类溢出效应。着眼全局和未来,通过了解不同的经济发展阶段,通过防患于未然的金融改革来编织一个金融体系的安全网,使全球货币体系更加稳健。

第四,以开放思维共建国际货币新秩序。中国与美国应树立开放思维,对区域和全球层面的各种货币规则创新思路持积极态度,共同推动有利于全球经济发展的区域和全球层面的国际货币制度创新。在区域层面,中国引领的亚洲基础设施投资银行等,意在破解亚洲区域基础设施建设资金总体短缺的困局,随着越来越多的西方国家加入亚洲基础设施投资银行,它正在逐步变成和国际货币基金组织、亚洲开发银行三足鼎立的多边合作机制,是对现行国际货币体系的支持,美国应欢迎区域货币合作。在全球层面,中国与美国应共同审视 IMF 职能,不应仅将其限定在危机救援,应当充分发挥其调节全球流动性职能,发挥更加全面的稳定国际货币体系的职能,并促进其与亚洲基础设施投资银行形成既相互独立又相互衔接、相互补充的建设性关系。

参考文献

[1] 李思敏. 自贸试验区：基本原理、中国实践与金融创新 [J]. 南方金融, 2016 (6): 3-9.

[2] 李思敏. 互联网金融创新发展的方向策略和保障机制——基于广东的调查和思考 [J]. 南方金融, 2015 (11): 4-10.

[3] 李思敏. 广东自贸试验区金融改革创新若干问题探讨 [J]. 南方金融, 2015 (5): 7-13.

[4] 李思敏. 深化粤港澳金融合作 [J]. 中国金融, 2015 (2): 56-86.

[5] 李思敏. 人民币跨境使用的发展现状与推进思路 [J]. 广东社会科学, 2012 (4): 38-45.

[6] 黄峰, 陈学彬. 中美本币跨境支付系统模式比较研究 [J]. 国际金融, 2016 (8): 33-37.

[7] 孙鲁军. 走向有管理的浮动汇率制度 [J]. 中国金融, 2016 (10): 64-66.

[8] 管涛. 新兴市场对美货币政策回溢效应 [J]. 中国金融, 2016 (1): 37-38.

[9] 徐以升. 美联储货币互换网络的发展 [J]. 金融博览, 2016 (1): 34-35.

[10] 罗钢青, 李海林. 完善跨境支付系统 [J]. 中国金融, 2016 (2): 71-72.

[11] 张明. 全球货币互换: 现状、功能及国际货币体系改革的潜在方向 [J]. 国际经济评论, 2012 (6): 65-88+5.

[12] 陈卫东. 国际货币体系改革与中国的战略抉择 [J]. 国际金融, 2015 (7): 17-21.

[13] 叶荷, 岳星. 货币合作还是货币战争?——中美在国际货币体系改革中的利益导向和合作前景 [J]. 国际经济评论, 2015 (6): 9-26+4.

[14] 中国人民银行广州分行课题组, 王景武. 汇率预期、货币选择与人民币国际化 [J]. 南方金融, 2016 (2): 3-20.

[15] 中国人民银行广州分行课题组. 跨境人民币清算体系现状、发展思路及广东机遇 [R]. 2012.

[16] 曹龙骐, 陈红泉, 李艳丰, 等. 人民币国际化路径研究 [M]. 北京: 中国金融出版社, 2014.

[17] 王雪, 陈平. 人民币跨境结算模式的比较与选择 [J]. 上海金融, 2013 (9): 45-51+117.

[18] 张桂文. 货币国际化问题研究 [D]. 成都: 西南财经大学博士学位论文, 2012.

[19] 崔瑜. 跨境人民币清算平台的国际借鉴 [J]. 中国金融, 2012 (1): 58-59.

[20] 温信祥. 日元清算体系的特点及其对人民币清算体系建设的启示 [J]. 金融论坛, 2011 (11): 10-17.

［21］姚晓东. 基于国际货币合作视角的人民币区域化路径研究［D］. 天津：天津财经大学博士学位论文，2011.

［22］戴伟利. 货币国际化视角下的汇率制度选择研究［D］. 长春：吉林大学博士学位论文，2010.

［23］郭杰. QE2 带来三大风险［J］. 上海经济，2010（12）：68－69.

［24］金德尔伯格. 西欧金融史［M］. 徐子键，何建雄，朱忠，译. 北京：中国金融出版社，2010.

［25］刘谊. 国际货币体系非主流货币国际化对人民币国际化的启示［J］. 经济研究参考，2010（22）：10－16.

［26］王信. 西德马克可兑换和国际化历程及其启示［J］. 中国金融，2009（16）：16－18.

［27］李婧. 人民币汇率制度与人民币国际化［J］. 上海财经大学学报，2009（4）：76－83.

［28］斯坦利·L. 恩格尔曼，罗伯特·E. 高尔曼. 剑桥美国经济史（第二卷）［M］. 高德步，王钰，译. 北京：中国人民大学出版社，2008.

［29］钟红. 国际货币体系改革方向与中国的对策研究［J］. 国际金融研究，2006（10）：18－26.

［30］Ariel T. Burstein，Joao C. Neves，Sergio Rebelo. Distribution Costs and Real Exchange Rate Dynamics During Exchange－Rate－Based Stabilizations［EB/OL］. NBER，https：//www. nber. org/papers/w7862，2021－04－07.

［31］Caroline BETTS，Michael B. Devereux. The Exchange Rate in a Model of Pricing－to－Market［J］. European Economic Review，1996，40（3）：1007－1021.

［32］Michael B. Devereux，Charles Engel. Fixed vs. Floating Exchange

Rates: How Price Setting Affects the Optimal Choice of Exchangerate – rate Regime [EB/OL]. NBER, https://www.nber.org/papers/w6867, 2021-04-07.

[33] Menzie Chinn, Jeffrey Frankel. Will the Euro Eventually Surpass the Dollar as Leading International Reserve Currency? [Z] NBER Working Paper, No. 11510, 2005.

[34] Floud R., McCloskey D. N. The Economic History of Britain since 1700: Volume 2, 1860 – 1939 [M]. Cambridge: Cambridge University Press, 2014.